"突破培训教程"系列

俄语突破培训教程

高效率正规培训，快速突破俄语

Как дела? 最近怎样？

丛书主编 宋健榕
本册主编 叶向荣

哈尔滨工业大学出版社

图书在版编目(CIP)数据

俄语突破培训教程/叶向荣主编. —哈尔滨:哈尔滨工业大学出版社,2012.10
 ISBN 978－7－5603－3426－4

Ⅰ.①俄…　Ⅱ.①叶…　Ⅲ.①俄语-教材
Ⅳ.①H35

中国版本图书馆 CIP 数据核字(2012)第 225292 号

策　　划	为才策划工作室
责任编辑	费佳明
封面设计	李康道
出版发行	哈尔滨工业大学出版社
社　　址	哈尔滨市南岗区复华四道街 10 号　邮编 150006
传　　真	0451-86414749
网　　址	http://hitpress.hit.edu.cn
印　　刷	哈尔滨市工大节能印刷厂印刷
开　　本	880mm×1230mm　1/32　印张 6.375　字数 196 千字
版　　次	2012 年 10 月第 1 版　2012 年 10 月第 1 次印刷
书　　号	ISBN 978－7－5603－3426－4
印　　数	1～4 000 册
定　　价	18.80 元

(如因印装质量问题影响阅读,我社负责调换)

前　言

目前，随着中俄两国在政治、经济、文化等各个领域内的关系不断深入与发展，特别是随着2006年中国俄罗斯文化年和2007年俄罗斯中国文化年一系列活动的开展，不仅国内对懂俄语的人才的需求量日益增长，而且越来越多的朋友想自学俄语。为此，我们编写了这本口语性较强、简洁实用的《俄语突破培训教程》。

本书分为两大部分：第一部分为俄语字母及语音，意在帮助读者掌握俄语正确的发音与书写。通用的英语国际音标标注，简单、易学易记；配套的MP3光盘帮助初学者发出纯正的俄语语音。第二部分为对话，分为二十个单元，每一单元都配有相同话题的三到四个对话场景，将常用单词和重点语法穿插其中。在内容上，本书力求涵盖日常生活的各个方面，如生活方式、饮食起居、文化娱乐、交通、旅游、购物等，尽量贴近俄罗斯现代生活；在词汇和表达方式的选用上，增加了许多俄语中的新词汇和表达方式；在章节设定上，由易到难，便于读者循序渐进地学习和掌握，每篇对话后都有练习，整个单元后面有复习，用于自测和巩固所学的内容。如果能够不参考课文，独立做出练习、复习，就表明已经掌握了课文内容，可以顺利进入下一单元的学习了。此外，书中的"文化背景"可以让读者在学习俄语语言的同时，也能了解俄罗斯文化。

本书主要针对俄语零基础，但又想在短时间内快速提高俄语会话和听说能力的有识之士。同时也可供国内高校俄语专业学生、翻译工作者、从事对俄业务的工作人员、赴俄罗斯留学人员及广大俄语爱好者参考使用。

由于时间仓促，编者水平与经验有限，本书难免会有纰漏及错误，不当之处，恳请各位专家和读者批评指正。

编者
2011年2月于北京师范大学

第一部分　发音指南

I	俄语字母表	2
II	俄语字母介绍	3
III	俄语音组表	4
IV	字母组合的读音	5
V	语音中应该注意的几个发音问题	5
VI	语音练习	6

第二部分　实用会话

第一单元	您好！Здравствуйте!	8
第二单元	您要喝点什么？Что вы будете пить?	16
第三单元	今天天气怎么样？Какая сегодня будет погода?	25

第四单元	多少钱？Сколько стоит?	33
第五单元	现在几点钟？Сколько сейчас времени?	39
第六单元	今天几号？Какое сегодня число?	47
第七单元	我的一家 Наша семья	55
第八单元	空余时间 Свободное время	62
第九单元	去剧院 В театр	70
第十单元	在邮局 На почте	79
第十一单元	餐饮 Питание	87
第十二单元	打电话 Телефонный разговор	97
第十三单元	做客 В гостях	105
第十四单元	市内交通 Городской транспорт	114

第十五单元	在机场 В аэропорте	122
第十六单元	在酒店 В гостинице	131
第十七单元	在银行 В банке	140
第十八单元	购物 Покупка	148
第十九单元	参观、游览 На экскурсию	158
第二十单元	加油站 На заправке	167

语法概述	175
练习参考答案	178

III

第一部分

发音指南

1. 俄语字母表

字母书写		名称	例词	字母书写		名称	例词
印刷体	手写体			印刷体	手写体		
Аа	*Аа*	а	áвтор	Пп	*Пп*	пэ	петь
Бб	*Бб*	бэ	бáза	Рр	*Рр*	эр	рот
Вв	*Вв*	вэ	вот	Сс	*Сс*	эс	сон
Гг	*Гг*	гэ	год	Тт	*Тт*	тэ	тот
Дд	*Дд*	дэ	дóма	Уу	*Уу*	у	ýхо
Ее	*Ее*	йэ	есть	Фф	*Фф*	эф	фóто
Ёё	*Ёё*	йо	ёлка	Хх	*Хх*	ха	ход
Жж	*Жж*	жэ	женá	Цц	*Цц*	цэ	цех
Зз	*Зз*	зэ	зóна	Чч	*Чч*	че	чек
Ии	*Ии*	и	и́ли	Шш	*Шш*	ша	шум
Йй	*Йй*	и крáткое	мой	Щщ	*Щщ*	ща	плащ
Кк	*Кк*	ка	как	ъ	*ъ*	твёртый знак	съесть
Лл	*Лл*	эль	лев	ы	*ы*	ы	вы
Мм	*Мм*	эм	мать	ь	*ь*	мя́гкий знак	соль
Нн	*Нн*	эн	но	Ээ	*Ээ*	э	э́то
Оо	*Оо*	о	он	Юю	*Юю*	йу	юбка
				Яя	*Яя*	йа	моя́

以上是俄语字母印刷体大小写和手写体大小写。可以看出，某些字母的印刷体和手写体还是有些区别的，应加以注意。

II. 俄语字母介绍

在讲解俄语语音之前,首先让我们来认识发音器官。

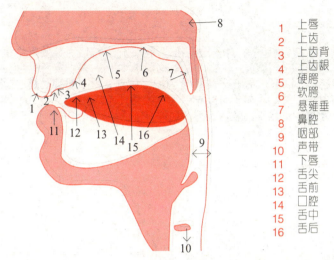

1	上唇
2	上齿
3	上齿背
4	上齿龈
5	硬腭
6	软腭
7	悬雍垂
8	鼻腔
9	咽部
10	声带
11	下唇
12	舌尖
13	舌前
14	口腔
15	舌中
16	舌后

俄语字母共有33个,其中10个元音字母,21个辅音字母,2个无音字母。俄语里面没有音标,以下用读音相近的英语国际音标标出(清辅音ч,щ因没有相近英语音标,故用汉语拼音标出),以便于初学者记忆。

1. 元音字母

А а	О о	У у	Ы ы	Э э	Я я	Ё ё	Ю ю	И и	Е е
[ɑ:]	[ɔ:]	[u:]	[ei]	[ə:]	[jɑ:]	[jɔ:]	[ju:]	[i:]	[je]

2. 辅音字母

⊙ 浊辅音

Л	М	Н	Р	Й	Б	В	Г	Д	Ж	З
[l]	[m]	[n]	[r]	[j]	[b]	[v]	[g]	[d]	[ʒ]	[z]

⊙ 清辅音

П	Ф	К	Т	Ш	С	Х	Ц	Ч	Щ
[p]	[f]	[k]	[t]	[ʃ]	[s]	[h]	[ts]	[qi][1]	[xi][2]

3. 无音字母

⊙ Ь (мягкий знак)

⊙ Ъ (твёрдый знак)

4. 颤音Р读法技巧

浊辅音 Р，所谓"舌音"，介于汉语拼音r和l之间，并且舌头要打个滚儿，有点像赶马车时候喊的"得儿——驾！"里面那个"儿——"；发音时舌头自然上卷，一定要自然，高度大概在牙龈和牙齿的接住处，舌中部向上腭抬起，然后从喉中向外吐气，震动舌尖。可以先练习连缀读（тр, др, пр, бр, эр），然后做到不用连音就能颤动舌头，最后练习单级颤音（舌头只颤一下）。

III. 俄语音组表

元音 辅音	А	О	У	Ы	Э	Я	Ё	Ю	И	Е
Б	ба	бо	бу	бы	бэ	бя	бё	бю	би	бе
П	па	по	пу	пы	пэ	пя	пё	пю	пи	пе
В	ва	во	ву	вы	вэ	вя	вё	вю	ви	ве
Ф	Фа	фо	фу	фы	фэ	фя	фё	фю	фи	фе
Д	да	до	ду	ды	дэ	дя	дё	дю	ди	де
Т	та	то	ту	ты	тэ	тя	тё	тю	ти	те
З	за	зо	зу	зы	зэ	зя	зё	зю	зи	зе
С	са	со	су	сы	сэ	ся	сё	сю	си	се
Л	ла	ло	лу	лы	лэ	ля	лё	лю	ли	ле
М	ма	мо	му	мы	мэ	мя	мё	мю	ми	ме
Н	на	но	ну	ны	нэ	ня	нё	ню	ни	не
Р	ра	ро	ру	ры	рэ	ря	рё	рю	ри	ре
Г	га	го	гу						ги	ге
К	ка	ко	ку						ки	ке
Х	ха	хо	ху						хи	хе
Ж	жа	жо	жу				жё		жи	же
Ш	ша	шо	шу				шё		ши	ше
Ч	ча	чо	чу				чё		чи	че
Щ	ща	що	щу				щё		щи	ще
Ц	ца	цо	цу	цы					ци	це
Й	ай	ой	уй	ый	эй	яй	ёй	юй	ий	ей

Ⅳ.字母组合的读音

① 动词词尾读-ться，-тся读ца，如：
учи́ться （学习）учица

② 形容词，代词的变格词尾-ого，-его中的 г 读成в，如：
мой（我的） моего́ 读моево
но́вый（新的） но́вого 读но́вово
кто（谁） кого́ 读ково́

③ стн，здн 中的т，д 不发音，如：
изве́стный（著名的）读изве́сный
по́здно（晚）读по́зно

④ что及其派生词中ч读成ш，如：
что（什么）读што
что́бы（为了）读што́бы

Ⅴ.语音中应该注意的几个发音问题

① 元音о，а的弱化
元音о和а不带重音时要读成短而弱的а音，例如：
она́（她） авто́бус（公共汽车） сло́во（词）

② 辅音的清化与浊化
浊辅音Б，В，Г，Д，Ж，З，位于词尾时应分别读成相对应的清辅音П，Ф，К，Т，Ш，С，如：
клуб（俱乐部）-клуп，любо́вь（爱情）-любо́ф，
друг（朋友）-друк，год（年）-гот，
эта́ж（楼层）-эта́ш，сою́з（联邦）-сою́с
如果词末有两个浊辅音相连时，它们同时都清化。如：
мозг（大脑）-моск，прие́зд（到达）-прие́ст

③ 浊辅音Б，В，Г，Д，Ж，З，位于清辅音之前，应分别读成相对应的清辅音П，Ф，К，Т，Ш，С，如：
ска́зка（童话）-ска́ска，ре́дко（很少）-ре́тко
оши́бка（错误）-оши́пка，бли́зкий（近的）-бли́ский
всегда́（总是）-фсегда́，за́втра（明天）-за́фтра

④ 清辅音П，Ф，К，Т，Ш，С位于浊辅音之前时，应分别读成其相对应的浊辅音Б，В，Г，Д，Ж，З，但在В，М，Н，Л，Р之前不浊化，如：

сделать（完成）-зделать，также（也）-тагже
экзамен（考试）-эгзамен
твой（你的），смелый（勇敢的），
снег（雪），след（脚印），среда（星期三）

Ⅵ. 语音练习

1. 复习前面的俄语音组表，边听录音边读。

2. 试读下面的语音。
   па по уп оп а́ба аба́ бу бо бы ада́ аза́
   му мо ум ом ца цы ци пы мы сы ты
   ша щи ещ же тя тё сю не тья тью тьё
   ка-га ку-гу ко-го ря-рья ро-рё-рьё чи-чьи

3. 试读下列单词，注意特殊读音。
   э́то   поэ́т   стои́т   сто́ит   говори́ться   по́здно
   друг   ре́дко   за́втра экза́мен вку́сно   мать   у́хо
   анана́с   ко́смос Москва́ авто́бус восто́к   де́ньги

第二部分 实用会话

第一单元 Здравствуйте! 您好！

单元要点：

- 怎样打招呼和说再见
- 怎样称呼别人
- 怎样回答寒暄话
- 初次见面时自我介绍
- 初次见面时的客气话

01 Привет! 你好！

主要词汇

здравствуйте	您好
здравствуй	你好
привет	嗨；你好
доброе утро	早上好（上午11点之前）
добрый день	下午好，午安（上午11点至下午六点）
добрый вечер	晚上好（下午六点之后）
всё нормально	一切正常
хорошо	好
спасибо	谢谢
как дела	最近怎么样
до свидания	再见
пока	一会见，再见

сейчас	现在
я тоже	我也是
куда	去哪儿
библиотека	图书馆

学习要点

- 反复听录音，大声朗读上面的单词，注意发音准确。
- 遮住解释的部分，看看你记得多少。再听录音，边听边想单词的意思。
- 遮住俄语部分看看是否还记得。

 对话1

— Привет, Саша!
— Добрый день, Максим!
— Как дела?
— Хорошо, спасибо. А ты?
— Я тоже, всё нормально.
— А куда ты сейчас?
— Я иду в библиотеку.
— Хорошо, до свидания.
— Пока.

学习要点

想象自己是其中一人，练习对话。

练习1

下面的话用俄语怎么说
1. 嗨
2. 早上好
3. 谢谢
4. 再见
5. 正常
6. 现在
7. 好
8. 也
9. 去哪儿
10. 最近怎么样

02 Здравствуйте! 您好！

主要词汇

рада	很高兴
видеть	看见
жить	生活，住
всё в порядке	一切正常
дети	孩子们
как	怎么样
работа	工作
передать	转达，转给 ~кому
жена	妻子
также	同样也，也，同时

※ **语言注释**

　　рада 是形容词短尾单数阴性，可以判断出说话人是女性，若是рад（单数阳性），则说话人是男性，若是рады（复数），则说话人是几个人（或代表了几个人）。

学习要点
- 反复听录音，大声朗读上面的单词，注意发音准确。
- 遮住解释的部分，看看你记得多少。再听录音，边听边想单词的意思。
- 遮住俄语部分看看是否还记得。

文化背景

　　俄罗斯的人名由三部分组成：名字、父称和姓，例如：Владимир Владимирович Путин, Мария Петровна Иванова。在正式场合或表示礼貌时，对人要称呼名字和父称，如：Иван Иванович, Мария Петровна。只有在称呼职务时才用姓，如：директор Иванов, господин Васильев。熟人之间，特别是年轻人之间称呼名字，而且常用小名，例如：Саша, Оля。在工作单位平级的人之间也用小名称呼。

对话2

— Доброе утро, Андрей Михайлович!
— Мария Петровна, здравствуйте!
— Рада вас видеть! Как вы живёте, Андрей Михайлович? Как ваши дела?
— Спасибо, всё в порядке. А как ваши дети? Как работа?
— Спасибо, ничего. Передайте привет жене.
— И вы также.

学习要点

- 对话中，用名字和父称称呼对方表示礼貌。
- 注意"вы 您"这个称呼：其使用非常广泛，陌生人、不太熟悉的人之间用"您"称呼，对长者、对职位高于自己的人用"您"称呼，同事之间也用"您"称呼。在大学里面学生对老师也称呼"您"。只有在关系很亲近的人之间才用"你"。

练习2

下面的话用俄语怎么说
1. 很高兴见到您！
2. 您过得怎么样？
3. 工作怎么样？
4. 请转达问候。

03 Очень приятно! 幸会！

主要词汇

преподаватель	老师
русский язык	俄语
Меня зовут***	我叫××

Давайте познакомимся.	让我们认识一下吧。
приятно	高兴，乐意
подруга	女朋友
Китай	中国
теперь	现在
знакомы	认识了

※ 语言注释

познакомимся 我们认识，动词原形познакомиться，~ с кем 与某人相识；знакомы 是знакомый（认识的，相识的）的形容词短尾复数形式。

 对话3

— Здравствуйте!
— Здравствуйте!
— Я ваш преподаватель русского языка. Меня зовут Павел Петрович. Давайте познакомимся. Как вас зовут?
— Меня зовут Ван Ян.
— Очень приятно. А кто она?
— Это моя подруга. Её зовут Лю Мэй. Мы из Китая.
— Ну вот, теперь мы знакомы.

练习3

你会用俄语说下面的句子吗？
认识你很高兴。
我叫萨沙。
让我们认识一下。
我们认识了。

复 习

1. 在以下不同的时间你如何问候别人？
   a. 08:30   b. 12:00   c. 15:00   d. 18:15

2. 假如你认识了一个新朋友，想告诉他你的名字，你会怎么说？

3. 路上遇到了同学，他对你说: Добрый день
   你应该怎么回答？
   A. Здравствуйте
   B. Добрый вечер
   C. Привет
   D. Спасибо

4. 向第三者转达问候。

   Пожалуйста, _____ привет ваше подруге.
   Пожалуйста, _____ привет ваше жене.

5. 这些词或句子什么意思？
   Давайте познакомимся.
   Как вас зовут?
   всё в порядке
   передать
   как дела

6. 哪个是正确的答案？
   a. Как вас зовут?   А. Я в библиотеку.
   b. Как работа?   Б. Хорошо, спасибо.
   c. Кто он?   В. Меня зовут Оля.
   d. Куда ты?   Г. Это мой друг.

参考译文

对话1

— 嗨,萨沙!
— 你好,马克西姆!
— 最近怎么样?
— 还好,谢谢。你呢?
— 我也是,一切正常。
— 你现在去哪呢?
— 我去图书馆。
— 好的,再见。
— 回头见。

对话2

— 早上好,安德烈·米哈伊洛维奇!
— 玛丽亚·彼得罗芙娜,您好!
— 很高兴见到您!安德烈·米哈伊洛维奇,您过得怎么样?近况可好?
— 谢谢,一切都正常。您的孩子们好吗?工作怎么样?
— 谢谢,还可以。请向夫人问好。
— 也请向您家里人问好。

对话3

— 您好!
— 您好!
— 我是您的俄语教师。我叫巴维尔·彼得罗维奇。让我们认识一下。您叫什么名字?
— 我叫汪洋。
— 很高兴与您认识。她是谁?
— 她是我的女朋友,她叫刘梅。我们从中国来。
— 嗨,现在我们认识了。

15

第二单元 Что вы будете пить? 您要喝点什么？

单元要点：

- 怎样点饮料
- 饮料怎么说
- 问别人想喝什么
- 在咖啡厅要一杯饮料
- 甜食怎么说

01 🔊 Что вы будете пить? 您要喝点什么？

主要词汇

этот	这个
стол	桌子
свободный	空着的，自由的
пожалуйста	请，费心，劳驾，好吧，行
что	什么
вы	您（你们）
пить	喝
два	两个
стакан	杯子，玻璃杯
кофе	咖啡
чёрный	黑色的
молоко	牛奶

сахар	糖
подождать	等一等
немножко	一点（немного的指小）

※ **语言注释**

пожалуйста 这个词的使用频率很高，它最基本的意思是"请"，但它却有许多用途。例如，别人说спасибо（谢谢），我们可以用пожалуйста来回答；别人找我们借东西，我们同意了，可以说пожалуйста；别人碰了您一下，说извините（对不起），我们回答пожалуйста；工作人员请我们出示证件，并说пожалуйста；……因此，在和俄罗斯人交往过程中，不要吝啬使用пожалуйста。

学习要点

- 反复听录音，大声朗读上面的单词，注意发音准确。
- 遮住解释的部分，看看你记得多少。再听录音，边听边想单词的意思。
- 遮住俄语部分看看是否还记得。

 对话1

— Здравствуйте, этот стол свободен?
— Да, пожалуйста. Что вы будете пить?
— Два стакана кофе, пожалуйста.
— Чёрный кофе или кофе с сахаром?
— Стакан чёрного и стакан кофе с молоком и сахаром.
— Хорошо. Подождите немножко, пожалуйста.
— Хорошо, спасибо.

学习要点

Что вы будете пить? 此句中будете是быть（是，系，有）的第二人称将来时形式。

想象自己是其中一个角色，练习对话。

练习1

你想要一杯什么样的咖啡？
А. Чёрный кофе
Б. Кофе с молоком
В. Кофе с сахаром
Г. Кофе с молоком и сахаром

02　Что тебе больше нравится?
你更喜欢来点什么？

主 要 词 汇

сесть	坐，坐下
окно	窗户
угол	角落
лучше	最好，更好
тихо	安静地
уютно	舒适地
брать	取，拿
здесь	这里

меню	菜单
давайте	开始，我们一起吧
посмотреть	看一看
сначала	首先
минеральная вода	矿泉水
кока-кола	可口可乐
вино	葡萄酒
пиво	啤酒
кефир	酸奶
шоколад	巧克力茶，巧克力糖
лимонад	柠檬水
больше	更多
нравится	喜欢
хотеть	想要

● **学习要点**

● 反复听录音，大声朗读上面的单词，注意发音准确。
● 遮住解释的部分，看看你记得多少。再听录音，边听边想单词的意思。
● 遮住俄语部分看看是否还记得。

 对话2

— Куда сядем? К окну или в угол?
— В угол лучше. Тихо и уютно.
— Что будем брать?
— Здесь есть меню, давайте посмотрим сначала.
— Хорошо. О, кофе, чай, сок, минеральная вода, кока-кола, вино, пиво, кефир, шоколад, лимонад...ой, так много. Что тебе больше нравится?
— Мне больше нравится лимонад. А тебе?
— Я больше хочу кока-кола.

学习要点

掌握各种饮料的俄语说法。
大声朗读对话。

练习2

下面的饮料用俄语怎么说。
啤酒 可乐 矿泉水 茶 咖啡 果汁

03 И что-нибудь на десерт? 再来点什么甜点吗?

主要词汇

официант	服务员
десерт	点心,甜品
какой	什么样的
торт	蛋糕
мороженое	冰激凌
компот	水果羹
пирог	馅饼
гамбургер	汉堡
тогда	在这种情况下,那时,那么

порция	一份
ещё	还，再
принести	拿来，带来
салфетка	餐巾纸
Без проблемы.	没问题

学习要点

- 反复听录音，大声朗读上面的单词，注意发音准确。
- 遮住解释的部分，看看你记得多少。再听录音，边听边想单词的意思。
- 遮住俄语部分看看是否还记得。

 对话3

— Официант, пожалуйста, два стакана чая с сахаром.
— Хорошо, и что-нибудь на десерт?
— Какой десерт у вас есть?
— У нас торт, мороженое, компот, пирог, гамбургер и т.д.
— Тогда две порции мороженого и торт, пожалуйста.
— Хорошо.
— Ещё, принесите нам салфетку.
— Без проблемы.

学习要点

掌握各种甜食的俄语说法。
大声朗读对话。

文化背景

在日常生活中,俄罗斯人每天都离不开茶。早餐时喝茶,一般吃夹火腿或腊肠的面包片、小馅饼。午餐后也喝茶,除了往茶里加糖外,有时加果酱、奶油、柠檬汁等。特别是在星期天、节日或洗过热水澡后,更是喜欢喝茶。他们把喝茶作为饮食的补充,喝茶时一定要品尝糖果、糕点、面包圈、蜂蜜和各种果酱。

练习3

试着用俄语说出下列甜点的名称。

蛋糕 冰激凌 汉堡 水果羹 馅饼

复 习

1. 如果你想点下面的东西,你该用俄语怎么说?
   葡萄酒 柠檬水 咖啡 蛋糕

2. 这些词或句子什么意思?
   чёрный кофе
   Подождите немножко.
   Без проблемы.
   Меню
   минеральная вода
   Что тебе больше нравится?
   Принесите нам салфетку.

3. 你和你的朋友一起去咖啡厅,你想问你的朋友喝什么,你怎么说?

4. 你想要叫服务员拿一些餐巾纸，你怎么说？

5. 试说出四种甜点的名称。

6. 哪个是正确的回答？
    А. Здесь свободно?　　　　　　a. Чай, пожалуйста.
    Б. Что вы будете пить?　　　　　b. Да, я принесу.
    В. И что-нибудь на десерт?　　　c. Торт, пожалуйста.
    Г. Есть ли салфетка?　　　　　　d. Да, садитесь.

参考译文

对话1

— 您好，这个桌子是空的吗？
— 是的，请吧。你们想喝点什么？
— 请来两杯咖啡。
— 黑咖啡还是加糖的？
— 一杯黑咖啡，一杯加奶加糖的。
— 好的，请稍等。
— 好的，谢谢。

对话2

— 我们坐哪儿？靠窗还是找个角落？
— 最好找个角落。既安静又舒适。
— 我们要点什么？
— 这里有菜单，我们先看一下再说吧。
— 好的。哟，有咖啡、茶、果汁、矿泉水、可口可乐、葡萄酒、啤酒、酸奶、巧克力茶、柠檬水……这么多啊。你更喜欢来点什么呢？
— 我更喜欢柠檬水。你呢？
— 我更想要可乐。

对话3

— 服务员，请来两杯加糖的茶。
— 好的，再来点什么甜点吗？
— 你这有什么样的甜点？

23

—　我们有蛋糕、冰激凌、水果羹、馅饼、汉堡等。
—　那就请来两份冰激凌，一个蛋糕吧。
—　好的。
—　再拿一点餐巾纸。
—　没问题。

第三单元 Какая сегодня будет погода?
今天天气怎么样？

单元要点：

- 怎样询问天气
- 各种天气状况怎么说
- 怎样说气温
- 怎样说气候

🔊 **Какая сегодня будет погода?**
今天天气怎么样？

主 要 词 汇

слышать	听说，听到
прогноз	预报
погода	天气
сегодня	今天
тепло	暖和，温暖
температура	温度
двадцать	二十
градус	度
сказать	说
днём	白天
дождь	雨
зонтик	伞
обязательно	一定

学习要点

- 反复听录音，大声朗读上面的单词，注意发音准确。
- 遮住解释的部分，看看你记得多少。再听录音，边听边想单词的意思。
- 遮住俄语部分看看是否还记得。

 对话1

— Паша, ты не слышал прогноз погоды? Какая сегодня будет погода?
— Сегодня будет тепло.
— А температура, какая?
— Двадцать градусов. Но сказали, что днём будет дождь.
— Да? Надо ли брать зонтик?
— Обязательно.

学习要点

大声朗读对话，学习询问天气。

练习1

你想知道今天天气怎么样，气温多少，你打算问你的朋友，你该怎么说?

🔊 **На улице идёт снег!** 外面下雪了！

主要词汇

ребята	伙伴们，同学们
на улице	外面；在路上
идти	走；出现，降临
снег	雪
сильный	很大的，有力的，强烈的
красиво	漂亮地
знать	知道
солнце	太阳
телевизор	电视
обещать	答应，允诺
ветер	风
самый	最
низкий	低的
минус	零下
десять	十
холодно	冷

学习要点

- 反复听录音，大声朗读上面的单词，注意发音准确。
- 遮住解释的部分，看看你记得多少。再听录音，边听边想单词的意思。
- 遮住俄语部分看看是否还记得。

 对话2

— Ребята, посмотрите, на улице идёт снег!
— Какой сильный снег! Как красиво!
— Да, ты знаешь, завтра будет ли солнце?
— Нет, по телевизору обещали, что ещё будет снег. И ветер будет.
— А какая температура?
— Самая низкая температура: минус десять градусов.
— Так холодно.

学习要点
- 大声朗读对话，学习询问天气。

练习2

这些天气状况用俄语怎么说？
雨 雪 风 太阳

03 Какое время года тебе нравится?
你喜欢哪个季节？

主要词汇

время года	季节
осень	秋天
почему	为什么
осенью	在秋天
прохладно	凉爽地
солнечно	阳光明媚地
синий	蓝色的
небо	天空
свежий	新鲜的
воздух	空气
зимой	在冬天
летом	在夏天
жарко	热
весной	在春天
действительно	确实，真的
прекрасный	美好的，非常好的
климат	气候
вообще	一般说来，总算
подходить	适应，适合

学习要点

- 反复听录音，大声朗读上面的单词，注意发音准确。
- 遮住解释的部分，看看你记得多少。再听录音，边听边想单词的意思。
- 遮住俄语部分看看是否还记得。

💬 对话3

— Какое время года в Пекине тебе нравится?
— Мне больше нравится осень.
— Почему?
— Осенью прохладно, солнечно. Синее небо, свежий воздух... а зимой здесь холодно, летом жарко и весной ветер сильн-ый.
— Действительно, осень в Пекине самое прекрасное время года. А как тебе нравится климат здесь?
— Вообще, климат мне подходит.
— Хорошо.

※ 语言注释

время года 表示某一个季节，它的复数形式времена года 表示一年四季。весной, летом, осенью, зимой 分别是春、夏、秋、冬的副词形式，表示在某个季节，所对应的名词形式分别为весна, лето, осень, зима.

学习要点

- 大声朗读对话，然后检查一下自己是否能够理解。注意发音。
- 学习一年里各个季节的说法，以及每个季节的特点。

练习3

说说你最喜欢的一个季节，并说说理由。

复 习

1. 下面的话用俄语怎么说。
   天气预报 季节 下雨了 气候 好天气

2. 这些季节用俄语怎么说？对应的副词怎么说？
   春　夏　秋　冬

3. 这些词或句子是什么意思？
   сильный ветер
   синее небо
   Климат мне подходит.
   Действительно
   брать зонтик
   Почему?

4. 想一想，你能说出几种天气状况？

5. 替换下面的句子。
   Завтра будет _____. （冷）
   Завтра будет _____. （暖和）
   Завтра будет _____. （凉爽）
   Завтра будет _____. （热）
   Завтра будет _____. （阳光明媚）

参考译文

对话1

— 巴莎，你有没有听天气预报？今天天气怎么样？
— 今天会很暖和。
— 多少度？
— 20度。但是据说白天要下雨。
— 是吗？那要带伞吗？
— 一定要。

对话2

— 伙伴们，快来看啊，外面下雪了！
— 好大的雪啊！真漂亮！
— 是啊，你知不知道，明天会出太阳吗？
— 不会，电视上说明天还要下雪。而且会起风。
— 那多少度？
— 最低气温零下10度。
— 那么冷。

对话3
— 你最喜欢北京的哪个季节?
— 我最喜欢秋天。
— 为什么?
— 秋天很凉爽,阳光明媚。蓝蓝的天,新鲜的空气……而冬天这里很冷,夏天又热,春天风很大。
— 确实是啊,秋天是北京最好的季节。你喜欢这里的气候吗?
— 总的来说,我能适应这里的气候。
— 那就好。

第四单元 Сколько стоит? 多少钱?

单元要点：

- 用俄语说数字
- 听懂俄语数字
- 使用俄罗斯货币
- 听懂俄语价格和电话号码

01 🔊 数字 0–20

0 ноль 或 нуль	7 семь	14 четырнадцать
1 один	8 восемь	15 пятнадцать
2 два	9 девять	16 шестнадцать
3 три	10 десять	17 семнадцать
4 четыре	11 одиннадцать	18 восемнадцать
5 пять	12 двенадцать	19 девятнадцать
6 шесть	13 тринадцать	20 двадцать

※ **语言注释**

- 0，ноль 或 нуль 两者均可。1，один 是阳性形式，1的阴性形式为 одна，中性形式为 одно，复数形式为 одни。
- 2，два 是阳性形式，其阴性形式为 две。
- 11–19 都是以 -надцать 结尾，这里的"д"不发音。11–13 都是 1，2，3 直接加 -надцать 即可；14–19 则是 4–9 去掉最后一个字母，再加 -надцать，注意18的拼写。
- 20 是"2"加"-дцать"。

学习要点

- 大声读出所有的数字，或者边听录音边读数字。
- 不要看书，试着说出前5位数字，然后再说出数字6到10。
- 现在你自己造出数字11–20，并大声念出它们。

02 🔊 数字20–100

20 двадцать
30 тридцать
40 сорок
50 пятьдесят
60 шестьдесят
21 двадцать один
22 двадцать два
23 двадцать три

70 семьдесят
80 восемьдесят
90 девяносто
100 сто

※ **语言注释**

- 20，30分别是"2"加"-дцать"，"3"加"-дцать"。
- 40，特殊记忆。
- 50–80分别是"5–8"加"10（десять）"再去掉десять的最后一个字母
- 90，100，特殊记忆。
- 20以后的非整数的两位数，其读法就是整数加个位数，例如58，即50加8，пятьдесят восемь。

练习1

这些数字是多少？请把它们用俄语写下来并大声读出来。
8 11 35 40 97 66 78 100 112 123 0 54

03 🔊 数字100–10亿

100 сто
200 двести
300 триста
400 четыреста
500 пятьсот
600 шестьсот

700 семьсот
800 восемьсот
900 девятьсот
1000 тысяча
百万 миллион
十亿 миллиард

※ 语言注释
- 200，特殊记忆。
- 300，400分别是"3，4"加"100 сто"的二格形式"ста"。
- 500–900分别是"5–9"加"100 сто"的复二格形式"сот"。
- 非整百的数字，先读"百"，再读"十"，最后读个位。例如825：восемьсот двадцать пять。

练习2

这些数字是多少？请把它们用俄语写下来并大声读出来。
875　536　1248　624　763　457　1521　332

04　🔊 **номер телефона** 电话号码

电话号码的读法：俄罗斯的电话号码有两种读法，一种是逐个数字一个一个读；另一种是每两位一起读，如果是奇数位，则先三位一起读，然后每两位一起读，区号一般单独读。如：

5436784可读成543-67-84，或5-4-3-6-7-8-4
384796可读成38-47-96，或3-8-4-7-9-6
495-2689456可读成495-268-94-56，或逐个数字读。

05 🔊 Сколько стоит? 多少钱？

主要词汇

сказать	说
стоить	值
пальто	大衣
рубль	卢布
рубашка	衬衫
оплатить	付款
доллар	美元
всего	一共
дать	给
чек	发票

学习要点
- 听录音，大声朗读。
- 遮住俄语部分看看是否还记得。

 对话

— Скажите, пожалуйста, сколько стоит это пальто?
— 895 рублей.
— А эта рубашка?
— 230 рублей.
— Хорошо, спасибо. Можно ли оплатить долларами?
— Можно.

— Официант, принесите счёт, пожалуйста.
— Хорошо, сейчас.
— Сколько с меня?
— Всего 198 рублей.
— Вы не можете дать мне чек?
— Без проблемы.

学习要点

- Сколько стоит ***? 问什么东西值多少钱或要多少钱。
- Сколько с меня? 指我要付多少钱，一般是在结账的时候问。

练习3

你会用俄语说下面的句子吗？

这件衬衫多少钱？
可以用美元付吗？
请拿账单来。
我该付多少钱？
可以开发票吗？

复　习

1. 将下面的数字按照从小到大的顺序排序。

   пять десять ноль два семь одиннадцать тридцать четыреста девяносто восемьдесят миллиард тысяча

2. 现在来检查一下，你能否用俄语要这些东西：

   3杯咖啡　5瓶葡萄酒　4瓶啤酒　2杯茶　6个冰激凌

3. 读一下下面的电话号码
   010-58803274
   13566717536
   495-235648

392-8258937
86-010-65483490
写出你和朋友们的电话号码，试着用俄语把它们读出来。

4. 你能说出它们的价钱吗？
   a. 啤酒 20卢布
   b. 咖啡 45卢布
   c. 茶 16卢布
   d. 橙汁 18卢布
   e. 葡萄酒 59卢布

5. 哪些是正确的数字？

   2007　　восемьсот двадцать один
   49　　　триста сорок пять
   90　　　сорок девять
   821　　 две тысячи семь
   345　　 девяносто

6. 你能用俄语数到100吗？

参考译文

对话

— 请问，这件大衣多少钱？
— 895卢布。
— 这件衬衫呢？
— 230卢布。
— 好的，谢谢。能付美元吗？
— 可以。
— 服务员，请拿账单来。
— 好的，马上。
— 我要付多少钱？
— 一共198卢布。
— 您可以给我开发票吗？
— 没问题。

第五单元 Сколько сейчас времени? 现在几点钟？

单元要点：

- 怎样表示时间
- 怎样问时间
- 怎样表达一周中的每一天
- 如何安排约会

01   Который час сейчас? 现在几点钟？

часы时：

Который час? 几点?	Когда? 在几点？（何时）
1 час	в час
2 два часа́	в два часа
3 три часа́	в три часа
4 четыре часа́	в четыре часа
5 пять часов	в пять часов
20 двадцать часов	в двадцать часов
21 двадцать один час	в двадцать один час
0 нуль часов	в нуль часов

минуты (секунды) 分（秒）：
1 минута (секунда)
2 две минуты (секунды)
3 три минуты (секунды)
4 четыре минуты (секунды)
5 пять минут (секунд)
10 десять минут (секунд)
20 двадцать минут (секунд)
30 тридцать минут (секунд)
40 сорок минут (секунд)

50 пятьдесят минут (секунд)
60 шестьдесят минут (секунд)

✖ 其他时间表示法

утром 早晨，上午	сегодня 今天
днём 白天	вчера 昨天
вечером 晚上	завтра 明天
ночью 夜间	послезавтра 后天
до обеда 午前	позавчера 前天
после обеда 午后	

主要词汇

который	哪个，第几
без	无，差，缺，没有
четверть	四分之一，一刻钟
пора	该，到……时候了
уходить	离开
часы	手表
отстать	慢
Не́ за что.	不客气，不用谢。
делать	做
кино	电影院，电影
вместе	一起
начинать	开始
фильм	电影
половина	一半，半

学习要点

- 复习前一课的数字表达法。
- 大声读出时间。
- 遮住俄语部分，看你是否能把时间说出来。
- 边听录音边校正自己的发音。

 对话1

— Который час сейчас?
— Без четверти десять.
— Мне пора уходить. До свидания.
— До свидания.

— Ваня, ты не знаешь, сколько сейчас времени?
— Три двадцать.
— У меня часы отстают. Спасибо.
— Не за что.

— Что вы делаете вечером?
— Мы пойдём в кино. Хочешь вместе с нами?
— Когда начинает фильм?
— В восемь с половиной.
— Хорошо, тогда я вместе с вами.

学习要点

- 有两种问时间的方式："Который час сейчас?"和"Сколько сейчас времени?"。
- 盖住一个人的对话内容，问对方时间。
- 注意回答时间的几种方法。

练习1

1) 下面的话用俄语怎么说
现在几点钟？
我该走了。
不客气。
你想和我们一起吗？

2) 如何用俄语表达下面的时间？

02 📢 **Какой сегодня день?** 今天星期几？

🔧 星期表达法

Какой день? 星期几?		В какой день? (когда?) 在星期几？（何时？）
понедельник	星期一	в понедельник
вторник	星期二	во вторник
среда	星期三	в среду
четверг	星期四	в четверг
пятница	星期五	в пятницу
суббота	星期六	в субботу
воскресенье	星期天	в воскресенье

学习要点
- 熟悉一周中每天的表达方式。
- 在星期几用"в"加名词四格表示。

 对话2

— Какой сегодня день?
— Сегодня пятница.
— Когда будет собрание?
— Собрание будет завтра, в субботу.

| день 天, 日子 | собрание 会议 |

03 Во сколько мы встретимся?
我们几点钟碰面？

主要词汇

парк	公园
культура	文化
поехать	去（乘车去）
интересно	有意思，有趣
встать	起床
обычно	平时

удовольствие	满意，高兴
встретиться	遇见，见面
станция	车站
договориться	说好了，说定了，一言为定

 对话3

— Привет, Олег и Таня!
— Привет, Алёша!
— Что вы делаете в воскресенье?
— В воскресенье? Мы поедем в Парк культуры, и в эти дни там очень интересно.
— Когда вы встаёте?
— Как обычно, в семь часов. Алёша, ты не хочешь поехать с нами?
— Поеду с удовольствием. Во сколько мы встретимся?
— В девять часов на станции «Парк культуры».
— Хорошо, договорились.
— Договорились.

学习要点

"Во сколько?" 问在几点钟；"Когда?" 问什么时候。когда所指时间的范围更广些。

练习2

你会用俄语说下面的句子吗？
你周三做什么？
你们什么时候起床？
很乐意。
我们几点钟见面？
说定了。

复 习

1. 从星期天开始，将下面的时间按正确顺序排序。
   вторник четверг суббота среда воскресенье понедельник

2. 替换练习
   （1）Сейчас...
       А. три часа 3点钟
       Б. двенадцать часов 12点钟
       В. девять часов сорок минут 9点40分
       Г. половина десятого 9点30分
       Д. восемь с половиной 8点30分
       Е. без десяти семь 差10分钟7点
   （2）давайте встретимся...
       А. после обеда 午饭后，午后
       Б. в первой половине дня 上午
       В. во второй половине дня 下午
       Г. вечером 晚上
       Д. послезавтра 后天

3. 请将下面的时间按照正确顺序排列。
   четырнадцать часов, час, половина второго, шесть часов двадцать минут, двадцать два часа тридцать пять минут, без четверти восемнадцать

4. 这些词或句子是什么意思？
   Какой сегодня день?
   Который час?
   собрание
   с удовольствием
   Что ты делаешь после обеда?
   интересно

5. 下面这些时间你会怎么说？
   3.30   6.45   10.15   18.30   5.27   12.09

6. 用俄语读出下面钟表上的时间。

参考译文

对话1

— 现在几点钟?
— 差一刻钟10点。
— 我该走了,再见。
— 再见。

— 万尼亚,你知道现在几点了吗?
— 3点20。
— 我的手表停了。谢谢。
— 不客气。

— 你们晚上干什么?
— 我们去电影院。你想和我们一起吗?
— 电影几点钟开始?
— 8点30。
— 好的,那我跟你们一起吧。

对话2

— 今天星期几?
— 今天周五。
— 什么时候开会来着?
— 会议在明天,周六。

对话3

— 阿列克,塔尼亚,你们好!
— 阿辽沙,你好!
— 你们星期天做什么?
— 星期天?我们去文化公园。这几天那儿很有意思。
— 你们几点起床?
— 像往常一样,7点钟。阿辽沙,你不想和我们一起去吗?
— 很乐意去啊。我们几点钟碰面?
— 9点在"文化公园"站见面。
— 好的,说定了。
— 说定了。

第六单元 Какое сегодня число?
今天几号？

单元要点：

- 表达一年中的每一月
- 怎样说出生日期
- 学习序数词的说法
- 如何说假期是什么时候

01 🔊 **Какое сегодня число?** 今天几号？

🔨 **ГОД** 年

- какой год? 哪一年？

1) тысяча девятьсот девяностый год 1990年
2) тысяча девятьсот девяносто восьмой год 1998年
3) двухтысячный год 2000年
4) две тысячи седьмой год 2007年

- в каком году? (когда?) 在哪一年？（何时？）

1) в тысяча девятьсот девяностом году 在1990年
2) в тысяча девятьсот девяносто восьмом году 在1998年
3) в двухтысячном году 在2000年
4) в две тысячи седьмом году 在2007年

※ 语言注释

"哪一年"不能逐个数字读，如"1995年"读作"第一千九百九十五年"，最后一个数"5"要用序数词表示；"在哪一年"要用六格形式。

🔨 **МЕСЯЦ** 月

Какой месяц? 哪一个月？	В каком месяце? (когда?) 在哪一个月？（何时？）

1 январь	в январе́
2 февраль	в феврале́
3 март	в ма́рте
4 апрель	в апре́ле
5 май	в ма́е
6 июнь	в ию́не
7 июль	в ию́ле
8 август	в а́вгусте
9 сентябрь	в сентябре́
10 октябрь	в октябре́
11 ноябрь	в ноябре́
12 декабрь	в декабре́

※ ЧИСЛО 日（号）

Какое число? 几号?	Какого числа? (когда?) 在几号？（何时？）
1 первое	первого
2 второе	второго
3 третье	третьего
4 четвёртое	четвёртого
5 пятое	пятого
6 шестое	шестого
7 седьмое	седьмого
8 восьмое	восьмого
9 девятое	девятого
10 десятое	десятого
15 пятнадцатое	пятнадцатого
20 двадцатое	двадцатого
30 тридцатое	тридцатого
31 тридцать первое	тридцать первого

※ 语言注释

　　基数词变成序数词：除了几个特殊的数词（如：1 первый, 2 второй, 3 третий, 4 четвёртый, 7 седьмой, 8 восьмой），一般的在基数词词尾加-ый，有软音符号的去掉软音符号"ь"，再加-ый。这里表示日期用中性形式，表示"在哪一天"，不需要用前置词，直接用序数词的二格形式。

对话1

— Какое сегодня число?
— Сегодня пятое (5-е) октября.

— Когда они уедут?
— Седьмого августа.

— Какое сегодня число?
— Сегодня двадцатое октября две тысячи седьмого года.

练习1

1. 你能说出每一个月的俄文名称吗?
2. 试说出下列图片中的日期。

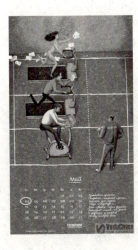
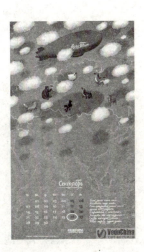

🔊 Когда мы поедем в Пекин?
我们什么时候去北京？

主 要 词 汇

поехать	去
Пекин	北京
то есть	也就是，即
национальный праздник	国庆节
конечно	当然
прекрасно	太好了

 对话2

— Павел, когда мы поедем в Пекин?
— Двадцатого этого месяца.
— А сегодня, какое число?
— Сегодня семнадцатое сентября.
— Да, через тринадцать дней первое октября, то есть национальный праздник.
— Да, тогда мы ещё в Пекине?
— Конечно.
— Прекрасно.

学习要点
- 听录音，大声朗读对话，理解对话含义。
- 学习巩固日期表达法。

练习2

用俄语说下面的句子。
今天是几号？
今天是国庆节。
我们什么时候去北京？
太好了。

03　🔊 **Когда ты родился?** 你什么时候出生的？

主 要 词 汇

откуда	从哪里，从什么地方
приехать	来自，到达
из	从
город	城市
Шанхай	上海
родиться	出生
день рождения	生日
летние каникулы	暑假
зимние каникулы	寒假
интереснее	更有意思

学习要点

- 反复听录音，大声朗读上面的单词，注意发音准确。
- 遮住解释的部分，看看你记得多少。再听录音，边听边想单词的意思。
- 遮住俄语部分看看是否还记得。

 对话3

— Максим, откуда ты приехал?
— Я приехал из города Шанхая, а ты?
— Я из Пекина. А когда ты родился?
— Я родился девятого сентября тысяча девятьсот семьдесят девятого года. А когда у тебя день рождения?
— У меня день рождения десятого июля.
— Тогда уже летние каникулы.
— Да, но я бы хотел в зимние каникулы. Тогда интереснее!

学习要点

学会询问别人来自哪里，什么时候生日，哪年出生。

文化背景

俄罗斯人喜欢过生日，一般他们过生日都邀请朋友一起庆祝。如果你想以花作为礼物，请记得一定要买奇数的，且不能要黄色的花。

练习3

请用俄语说出你和你的亲戚朋友的出生年月日。

复 习

1. 请读出下面的日期
   a. 15.11.2001
   b. 1.8.1998

c. 29.10
   d. 7.9
   e. 12.5

2. 你的生日是什么时候？如果和下面所圈的日期一样，你能说出来吗？

3. Когда мы встретимся？（我们什么时候会面？）告诉你的朋友你将在下面的时间见他。
   a. 5月2号11:30
   b. 12月25日14:15
   c. 星期五晚上8:00
   d. 星期六18:00
   e. 周三下午
   f. 后天早晨

4. 这些词或句子什么意思？
   Двадцатого этого месяца.
   национальный праздник
   из города Шанхая

53

день рождения
зимние каникулы
летние каникулы

5. 根据下面的回答提问。
   _____? Сегодня пятое марта.
   _____? Сегодня среда.
   _____? Шестого августа.
   _____? Я приехал из Пекина.
   _____? Я родилась в 12, января, 1984.

参考译文

对话1

— 今天几号？
— 今天10月5号。

— 他们什么时候走？
— 8月7号。

— 今天几号？
— 今天是2007年10月20号。

对话2

— 巴维尔，我们什么时候去北京？
— 这个月20号。
— 今天是几号呀？
— 今天9月17号。
— 哦，再过13天就是10月1号国庆节了。
— 是啊，我们那时候还在北京吗？
— 当然了。
— 太好了。

对话3

— 马克西姆，你来自哪里？
— 我来自上海，你呢？
— 我来自北京。你什么时候出生的呀？
— 我是1979年9月9号出生的。你什么时候生日？
— 我7月10号过生日。
— 那时候已经是暑假了。
— 是啊，我倒更希望是寒假。那时候更有意思！

第七单元 Наша семья 我的一家

单元要点：
- 各个家庭成员的称呼
- 谈论你的家庭
- 谈论人们的年龄
- 谈论人们的工作

01 наша семья 我的一家

主要词汇

папа	爸爸
мама	妈妈
дедушка	爷爷
бабушка	奶奶
брат	兄弟
сестра	姐妹
дядя	叔叔
тётя	阿姨
отец	父亲
мать	母亲
родители	父母（复数）
дети	孩子（复数）
сын	儿子

дочь	女儿
муж	丈夫
жена	妻子
друг	朋友（男性）
подруга	朋友（女性）
мой	我的（阳性）
моя	我的（阴性）
мои	我的（复数）
наш	我们的（阳性）
наша	我们的（阴性）
наши	我们的（复数）
показать	出示，指出
семейный	家庭的
альбом	相册
общий	总的，全部的
фотография	照片
середина	中间
спросить	问
лет	лет年（год复数第二格形式）
моложе	比……年轻
работать	工作
инженер	工程师
завод	工厂
учительница	（中学）教师
справа	右边
младший	年幼的，年纪较小的
студент	大学生
старше	比……年长
слева	左边
замужем	出嫁，结婚
красиво	漂亮，美丽
выглядить	看起来

※ **语言注释**

注意名词的性，虽然папа, дедушка, дядя均以阴性字母结尾，但仍然是阳性名词。

学习要点

- 反复听录音,大声朗读上面的单词,注意发音准确。
- 遮住解释的部分,看看你记得多少。再听录音,边听边想单词的意思。
- 遮住俄语部分看看是否还记得。

 对话

— Хочешь, я тебе покажу наш семейный альбом?
— Конечно, хочу! Это ваша общая фотография?
— Да. В середине мои родители.
— Можно спросить, сколько лет твоим родителям?
— Пожалуйста. Отцу пятьдесят пять, а мать моложе его на два года.
— А кем они работают?
— Отец работает инженером на заводе, а мать — учительница.
— А кто это справа?
— Мой младший брат. Он студент. В этом году ему двадцать лет. Я старше его на три года.
— А слева твоя сестра?
— Да. Я моложе её на пять лет. Она уже замужем.
— А как красиво выглядит.

文化背景

注意наша семья (我们家)与моя семья(我家)两者的区别:前者是指一个大家庭,一般家庭内各个成员都可以用此词,而后者指小家庭,未成家的子女说"我家"时,一般不使用该词,而用前者"наша семья"。

学习要点

- 怎样介绍家庭成员。
- 学习询问年龄,比谁大几岁,比谁小几岁。
- 学习询问别人是做什么工作的。

练习1

下面的短语怎么说

A. 我的父亲
B. 我的姐妹
C. 我的父母
D. 我的女朋友
E. 我的兄弟
F. 我的母亲
G. 我的妻子
H. 我的丈夫
I. 我的儿子
J. 我的女儿
K. 我的奶奶
L. 我的爷爷

02 🔊 другие выражения
其他表达方式

1. Сколько человек у вас в семье? 你们家几口人？
   Кто у вас в семье? 你们家都有谁？
   Вы женаты? 您结婚了吗？（指男性）
   Вы замужем? 您结婚了吗？（指女性）
   У вас есть дети? 您有孩子吗？
   У меня нет детей. 我没有孩子。
2. Сколько кому лет? 某人多少岁？
   Сколько вам/тебе лет? 您/你多大？
   Сколько лет вашей дочери/вашей матери/вашему отцу? 您的女儿/您的母亲/您的父亲多大年纪？
3. Кем вы работаете? 您做什么工作？
   Я врач. 我是医生。
   Кто вы по профессии? 您的职业是什么？
   Я не работаю, я учусь. 我没有工作，我还在上学。
   Я уже на пенсии. 我已经退休了。

学习要点

- 掌握主要表达方式，反复听录音，跟读，注意发音准确。
- 熟悉多种表达方式，能理解，不要求完全记忆。

练习2

用俄语说下面的短语或句子

家庭相册
全部照片
在中间
年轻两岁
我的姐姐已经出嫁了。
我的兄弟是大学生。

复 习

1. 请你用俄语——介绍一下你的家人。

2. 这些人做什么工作？用俄语描述一下？
   工程师　教师　医生

3. 下列短语或句子是什么意思？
   Кем вы работаете?
   Сколько человек у вас в семье?
   моложе её на пять лет
   красиво выглядит
   Мой папа инженер.
   в середине

4. 根据后面的回答提问。
   _____? У нас в семье 5 человек.
   _____? Мне 22 года.
   _____? Я ещё не работаю.
   _____? Да, она замужем.
   _____? Мой брат инженер.

5. 请简单说说你的家庭成员，他们多大年龄，做什么工作。

参考译文

对话

— 想不想我给你看看我们家的全家福?
— 当然想看了。这是你们的全部照片吗?
— 是的。中间的是我父母。
— 能不能问问你父母多大年纪了?
— 可以啊,我父亲55岁,我母亲比他小2岁。
— 他们做什么工作啊?
— 父亲是工厂的工程师,母亲是中学老师。
— 这右边的是谁?
— 我弟弟。他是大学生。今年20岁。我比他大三岁。
— 左边的是你姐姐吗?
— 是啊。我比她小5岁。她已经出嫁了。
— 但看起来很漂亮。

第八单元 Свободное время 空余时间

单元要点：

- 如何表达你在空余时间喜欢做什么
- 如何询问别人喜欢做什么
- 谈论体育和爱好
- 谈论体育比赛

01

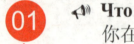 **Что ты делаешь в свободное время?**
你在空闲时间做什么？

主要词汇

хобби	爱好
читать	读
книга	书
слушать	听
музыка	音乐
смотреть	看
фильм	电影
путешествовать	旅游
отдыхать	休息
за городом	在郊外
за город	去郊外
ездить, езжу, ездишь	乘，到……去

туда 往那里，往那边
автобус 公共汽车
велосипед 自行车

学习要点

- 反复听录音，大声朗读上面的单词，注意发音准确。
- 遮住解释的部分，看看你记得多少。再听录音，边听边想单词的意思。
- 遮住俄语部分看看是否还记得。

※ **语言注释**

ездить与ехать的区别：前面课文中我们学过ехать也表示"乘，到…去"的意思，但ехать是定向动词，只往某一个方向去，而ездить是不定向动词，可表示来回，还可以表示多次往返。

 对话1

— Нина, что ты любишь делать в свободное время?
— У меня много хобби. Я люблю читать книгу, слушать музыку, смотреть фильм, и путешествовать. А ты, Серёжа?
— Я люблю отдыхать за городом. Каждую субботу я езжу за город.
— Как ты ездишь туда? На автобусе?
— Нет, на велосипеде.
— Это интереснее.
— Ну, как? Давайте вместе поедем за город эту субботу?
— Хорошо, с удовольствием.

学习要点

听录音，大声朗读对话，理解对话意思。
学习业余爱好的表达方式。

练习1

用俄语说下面的短句。
业余时间
很多爱好
读书
听音乐
看电影
旅游
郊游
乘公共汽车
骑自行车

  Вы занимаетесь спортом? 您从事体育运动吗?
前面我们学习了一般的业余爱好，下面我们看看有哪些体育活动。

主要词汇

заниматься чем	学习，工作，从事
спорт	体育
вид	形式，种类
вид спорта	体育项目
играть	游戏，玩
волейбол	排球

плавать	游泳
кататься	滚动，翻来覆去，游玩
коньки	冰鞋，冰刀
баскетбол	篮球
футбол	足球
по утрам	每逢早晨，每天早上
бег	跑步，赛跑
привычка	习惯

学习要点

- 反复听录音，大声朗读上面的单词，注意发音准确。
- 遮住解释的部分，看看你记得多少。再听录音，边听边想单词的意思。
- 遮住俄语部分看看是否还记得。

对话2

— Вы занимаетесь спортом?
— Да, занимаюсь.
— Какими видами?
— Летом я играю в волейбол и плаваю, а зимой катаюсь на коньках. А вы?
— Я часто играю в баскетбол и в футбол. И по утрам я занимаюсь бегом.
— Хорошая привычка.

学习要点

- 听录音，大声朗读对话，理解对话意思。
- 学习各种体育活动的表达方式。

练习2

用俄语描述一下下面的动作？
打篮球 踢足球 看电影 跑步

03 Кто выиграл? 谁赢了?

主要词汇

команда	队，班，球队
Россия	俄罗斯
Франция	法国
выиграть	赢，获胜
ничья	平局
матч	球赛，决胜球

学习要点

- 反复听录音，大声朗读上面的单词，注意发音准确。
- 遮住解释的部分，看看你记得多少。再听录音，边听边想单词的意思。

 对话3

— Дима, что ты делал вчера вечером?
— Я посмотрел футбол.
— Футбол! А кто играл?
— Играли команды России и Франции.
— Кто выиграл?
— Ничья. Один один.
— Матч был интересный?
— Да, очень.

学习要点

- 听录音，大声朗读对话，理解对话意思。
- "谁赢了"用выиграть表示；"谁输了"用проиграть表示。

练习3

用俄语说下面的短语或句子。
昨天晚上
看球赛
俄罗斯队赢了。
球赛非常有意思。

复 习

1. 你会怎样问你的朋友Максим是否喜欢：
   a. 看电影　　　　d. 骑自行车
   b. 看电视　　　　e. 溜冰
   c. 游泳　　　　　f. 打篮球

2. 用俄语描述一下下面的动作。
   打排球　溜冰　骑自行车　游泳

3. 下面这些词或句子是什么意思？
   отдыхать за городом
   слушать музыку
   заниматься спортом
   вид спорта
   Матч был интересный?
   команда
   кататься на коньках

4. 你能读出下列体育项目吗？
   Гольф （高尔夫）
   Теннис （网球）
   Настольный теннис （乒乓球）
   Волейбол （排球）
   Баскетбол （篮球）
   Футбол （足球）
   Велосипед （自行车）
   Шахматы （象棋）
   Бильярд （台球）
   Боулинг （保龄球）
   Плавать （游泳）
   Коньки （溜冰）
   Лыжи （滑雪）

5. 根据后面的回答提问。
   _____? В свободное время я читаю книгу, слушаю музыку, смотрю фильм.
   _____? Я занимаюсь бегом.
   _____? Команда России выиграла.
   _____? Да, я люблю футбол.
   _____? На автобусе.

6. 说一说你自己业余时间都做些什么。

参考译文

对话1
— 尼娜，你在空闲时间喜欢做什么？
— 我有很多爱好。我喜欢读书、听音乐、看电影、还有旅游。你呢，谢廖沙？
— 我喜欢去郊外休息。每个周六我都去城外。
— 你怎么去那儿？乘公交车吗？
— 不是的，骑自行车。
— 那很有意思啊。
— 怎么样？要不这周六咱们一起去吧？
— 好啊。

对话2
— 您从事体育运动吗？
— 嗯。
— 都是些什么项目？
— 夏天我打排球、游泳，冬天我溜冰。您呢？
— 我常常打篮球、踢足球。而且，每天早上都跑步。
— 好习惯。

对话3
— 季马，你昨天晚上干什么了？
— 我看球赛了。
— 球赛？谁跟谁？
— 俄罗斯队和法国队。
— 谁赢了？
— 平了。一比一。
— 比赛有意思吗？
— 很有意思。

第九单元 В театр 去剧院

单元要点：

- 如何表达买票
- 学习进剧院的谈话
- 怎样表达观后感
- 怎样表达道歉

 🔊 **Какой билет вы хотите?** 您要哪种票？

主要词汇

билет	票
Лебединое озеро	天鹅湖
извините	对不起
продать	售出，卖完（продан是其被动形动词短尾）
жаль	遗憾
следующая	下一个
неделя	星期
правда	真话
партер	池座
ложа	包厢

学习要点

- 反复听录音，大声朗读上面的单词，注意发音准确。
- 遮住解释的部分，看看你记得多少。再听录音，边听边想单词的意思。
- 遮住俄语部分看看是否还记得。

 对话1

— Два билета на семь часов, пожалуйста.
— Какой билет вы хотите?
— Билет на «Лебединое озеро».
— Извините, этот билет на сегодня уже продан.
— Как жаль.
— Но у нас ещё билет на следующую неделю. Вы хотите?
— Правда? Хочу. А сколько стоит?
— Вам билеты в партер или в ложу?
— Два билета в партер.
— Хорошо, всего 400 рублей.
— Вот вам.

学习要点

- 大声朗读对话，正确理解对话含义。
- 注意买票的说法，特别是"几点钟的票"，"什么节目的票"，以及"什么座位的票"。

※ **语言注释**

表示"某某时间的票""某某节目的票"，都用билет加前置词на；只有表示"某某地点的票"或"去某地的票"用билет в...

> **练习1**
>
> 这些词用俄语怎么说?
> 天鹅湖
> 对不起
> 很遗憾
> 票卖完了
> 下个星期

02 🔊 Сдайте пальто в гардероб!
请把大衣放到存衣间!

主要词汇

сдать	交给,送交
пальто	大衣
гардероб	存衣间,衣帽间
бинокль	望远镜
взять	取,拿
простить	劳驾,原谅
ряд	排
место	位子,地方
кажется	好像
балкон	楼座,阳台
ошибаться, ошибся, ошиблась	弄错

学习要点

- 反复听录音,大声朗读上面的单词,注意发音准确。
- 遮住解释的部分,看看你记得多少。再听录音,边听边想单词的意思。
- 遮住俄语部分看看是否还记得。

 对话2

— Здравствуйте, сдайте пальто в гардероб, пожалуйста.
— Хорошо. А где есть бинокль?
— Бинокль можно взять тоже в гардеробе.
— Спасибо.
— Простите, какое это место?
— Пятнадцатый ряд, десятое место.
— Кажется, это моё место.
— Нет, это моё. Это партер. Может быть, у вас балкон?
— Извините, я ошибся.

学习要点

- 大声朗读对话,正确理解对话含义。
- 学习进剧院时可能会说的话。
- 表示"在哪一排,哪一座"要用序数词。

🔔 文化背景

莫斯科的主要剧院有大剧院、小剧院、克里姆林宫剧院、讽刺剧院。以前去剧院看演出,男士要西装革履,女士着裙装,现在已经没有这么严格了,但是看演出仍然是一件很正式的事情,还是有很多规矩的:看演出不能迟到，第三遍铃响后，演出开始，就不可以再进入演出大厅了；外衣，帽子一定要存到存衣间，穿着大衣看演出是很不礼貌的；找自己的位子时，如果要通过别人的座位，应该脸冲着对方走到自己的位子上。

练习2

进入剧院里，你发现你的位子别人已经坐了，这时你怎么说？

03 🔊 Спектакль пользуется успехом.
演出很成功！

主要词汇

концерт	音乐会
вокальный концерт	演唱会
Витас	维塔斯（俄罗斯当红歌星）
спектакль	演出，戏剧
пользоваться, пользуюсь, пользуешься	使用，享受
успех	成功
пользоваться успехом	获得成功
просто	简直是，只是
в шоке	震惊了
необычный	不一般的，非凡的
голос	嗓音
талант	天才，才能，人才
гений	天才，某方面的高手
настоящий	真正的
звезда	星星，明星
симпатичный	可爱的
улыбка	笑容，微笑
прелесть	美妙，迷人

学习要点

- 反复听录音，大声朗读上面的单词，注意发音准确。
- 遮住解释的部分，看看你记得多少。再听录音，边听边想单词的意思。
- 遮住俄语部分看看是否还记得。

 对话3

— Витя, вчера вечером ты слушал вокальный концерт Витаса?
— Конечно! Спектакль пользуется успехом.
— Да, я просто в шоке! У него необычный голос!
— Витас – это талант и гений. Он настоящая звезда!
— И я его очень люблю. У него симпатичная улыбка.
— Да, он прелесть!

学习要点

- 大声朗读对话，正确理解对话含义。
- 注意表达赞扬的话。

练习3

下面短语或句子用俄语怎么说？

听演唱会
演出很成功。
我简直震惊了。
非凡的嗓音
可爱的微笑

复 习

1. 这些短语或句子是什么意思？
   настоящая звезда
   билеты в партер
   Как жаль.
   билет на сегодня
   Он ошибся.
   Спектакль пользуется успехом.

2. 请用俄语说出这些座位，想想它们有什么不同？
   池座　包厢　楼座

3. 翻译下列短语，注意它们表达方式的不同。
   2张《天鹅湖》的票
   1张音乐会的票
   3张晚上8点钟的票
   5张20号的票
   一些池座的票
   1张去北京的票

4. 用俄语说说这是什么？
   存衣间　望远镜　大衣

5. 根据后面的回答提问。
   _____? Билет на «Лебединое озеро».
   _____? Всего 400 рублей.
   _____? Пятнадцатый ряд, десятое место.
   _____? Два билета в партер.
   _____? Бинокль можно взять тоже в гардеробе.

6. 你认识下面图片中的主唱吗？说说你对他的了解以及你如何评价他的音乐。

参考译文

对话1

— 请拿2张7点钟的票。
— 您要哪种票?
— 《天鹅湖》的。
— 不好意思,今天的票已经卖完了。
— 真遗憾。
— 但我们还有下周的票,您要不要?
— 真的吗? 要。多少钱?
— 您要池座的还是包厢的?
— 2张池座。
— 好的,一共400卢布。
— 给您。

对话2

— 您好,请把大衣放到存衣间。
— 好的。哪里有望远镜?
— 望远镜也在存衣间。
— 谢谢。

— 请问,这是几号座?
— 15排10座。
— 这好像是我的座位。
— 不对,是我的。这是池座。或许,您的是楼座?
— 不好意思,我弄错了。

对话3
— 唯嘉，你昨天晚上听了维塔斯的演唱会没有？
— 当然听了。演出很成功。
— 是啊，我简直震惊了。他有非凡的嗓音。
— 维塔斯是个天才，真正的明星！
— 我也非常喜欢他。他的微笑很可爱。
— 嗯，他很迷人！

第十单元 На почте 在邮局

单元要点：

- 如何表达买邮票、信封
- 如何说平信、挂号信、航空信
- 如何寄包裹，发特快专递
- 怎样表达汇款

01

🔊 **Где можно купить конверт и марки?**
哪儿能买到信封和邮票？

主要词汇

нужно	需要
отправить	寄，发出，派出
письмо	信
купить	买
конверт	信封
марка	邮票
окошко	小窗，窗口
открытка	明信片
простой	简单的，普通的
заказной	挂号的
авиапочта	航空邮件，航空邮递
авиаконверт	航空信封

学习要点

- 反复听录音，大声朗读上面的单词，注意发音准确。
- 遮住解释的部分，看看你记得多少。再听录音，边听边想单词的意思。
- 遮住俄语部分看看是否还记得。

 对话1

— Мне нужно отправить письмо. Где можно купить конверт и марки?
— В третьем окошке.
— Дайте, пожалуйста, конверт с маркой и две открытки. Скажите, пожалуйста, сколько идёт письмо из Москвы в Пекин Китая?
— Простое письмо – 10 рублей, заказное – 20 рублей, авиапочта – 50 рублей.
— Тогда – авиапочтой, заказным. Дайте ещё авиаконверт и марка за 15 рублей. Сколько с меня?
— Всего 60 рублей.
— Вот, пожалуйста. Спасибо.

学习要点

- 大声朗读对话，正确理解对话含义。
- конверт с маркой 是指"带邮票的信封"，с чем 表示附带。
- авиапочтой, заказным 用五格表示"以何种形式"，这里意为"寄挂号信、航空邮递"。

练习1

下面短语或句子用俄语怎么说?
买信封和邮票
带邮票的信封
明信片
我需要寄信。
航空信封
平信
挂号信
航空邮递

  Тогда послать экспресс. 那就寄特快专递吧。

主要词汇

посылка	包裹
за границу	出国,往国外
посылать(未)-послать(完)	派遣,寄出
документ	文件
бандероль	印刷品
около	大约
бояться, боюсь, боишься	怕,担心
успеть	来得及,赶得上
экспресс	特快专递,特快列车
заполнить	填写
бланк	表格,表
правильно	正确地
неправильно	不正确地
написать	写
забыть	忘记,忘掉
индекс	邮编,代码

学习要点

- 反复听录音，大声朗读上面的单词，注意发音准确。
- 遮住解释的部分，看看你记得多少。再听录音，边听边想单词的意思。
- 遮住俄语部分看看是否还记得。

 对话2

— Скажите, можно отправить посылку за границу?
— Можно. Что вы будете посылать?
— Документы. Я хочу послать их бандеролью. Сколько дней идёт посылка?
— Около десяти дней.
— Боюсь, что не успеет. Тогда послать экспресс.
— Хорошо. Заполните бланк.
— Посмотрите, пожалуйста, правильно ли я всё написал?
— Вы забыли написать индекс.

学习要点

- 大声朗读对话，正确理解对话含义。
- посылать, послать 分别是动词的未完成体和完成体形式，用быть+动词的未完成体构成将来时。
- 注意名词五格形式表示的意义。

🔔 **文化背景**

俄罗斯的信封写法与我们有所区别。要求收信人的地址、姓名写在右边靠上，收信人用第三格кому，左下角书写收信人邮编，具体可参看信封背面的示范。寄信人地址和邮编写在右下角。

练习2

下面短语或句子用俄语怎么说？
寄包裹
寄文件
寄特快专递
往国外
包裹几天到？
填表格
来不及
写邮编

03 📢 Мне нужно послать денежный перевод.
我要汇款。

主要词汇

денежный перевод	汇款
почта	邮局，邮寄，邮汇
телеграф	电汇
счёт	账户
указать	指出，指明
расписаться	签字，署名
опять	又，再

学习要点

- 反复听录音，大声朗读上面的单词，注意发音准确。
- 遮住解释的部分，看看你记得多少。再听录音，边听边想单词的意思。
- 遮住俄语部分看看是否还记得。

 对话3

— Добрый день!
— Здравствуйте!
— Мне нужно послать денежный перевод.
— Можно почтой и телеграфом.
— Я хочу послать почтой.
— Хорошо. Заполните этот бланк.
— Вот вам.
— Извините, ваш номер счёта указан неправильно.
— Да? Я посмотрю... сейчас правильно.
— Распишитесь вот здесь.
— Извините, опять забыл.

学习要点

- 大声朗读对话，正确理解对话含义。
- указан, указать的被动形动词短尾形式，表示"被指出"。
- распишитесь 是расписаться的命令式形式，表示"请签字，请签名"。

> **练习3**
>
> 到了邮局，你想邮政汇款，你该怎么说？

复 习

1. 下面的短语或句子是什么意思？
   отправить письмо
   денежный перевод
   отправить посылку за границу
   Заполните бланк.
   Вы забыли написать индекс.
   пять марок за 15 рублей

2. 你会用俄语说下面的东西吗？
   邮票　信封　明信片　特快专递（EMS）带邮票的信封　航空信封

3. 你如何购买下面各类邮票？
   a. 1×5 руб.
   b. 2×20 руб.
   c. 3×15 руб.

4. 你想知道你的包裹几天能到，用哪种邮寄方式最快，你该怎么询问邮局工作人员？

5. 根据后面的回答提问。
   _____? В третьем окошке.
   _____? Заказное письмо – 20 рублей.
   _____? Я хочу послать документы.
   _____? Посылка идёт около десяти дней.
   _____? Я посылаю в Китай.

6. 用俄语说一说邮局能办理什么业务？

参考译文

对话1

— 我要寄信。哪儿能买到信封邮票?
— 在3号窗口。
— 请给我一个带邮票的信封和两张明信片。请问从莫斯科到中国北京寄信要多少钱?
— 平信10卢布,挂号信20卢布,航空邮件50卢布。
— 那就寄航空挂号信吧。请再给我一个航空信封和15卢布的邮票。多少钱?
— 一共60卢布。
— 给您。谢谢。

对话2

— 请问,可以往国外寄包裹吗?
— 可以呀。您要寄什么?
— 文件。我想以印刷品寄。几天能到?
— 大约10天。
— 我怕来不及了。那就寄特快专递吧。
— 好的。请填一张表。
— 请看一看我写的对不对?
— 您忘了写邮编了。

对话3

— 您好!
— 您好!
— 我要汇款。
— 可以邮汇、电汇。
— 我想邮汇。
— 好的。填一张表。
— 给您。
— 不好意思,您的账户不正确。
— 啊?我看看……现在对了。
— 请在这里签名。
— 对不起,又忘了。

第十一单元 Питание 在餐厅

单元要点：

- 如何看菜单
- 掌握各种不同的菜名
- 如何表达你的喜好
- 如何请求推荐
- 怎样埋单

01

🔊 **Что вы хотите на первое?** 您第一道菜要什么？

主要词汇

отдельный кабинет	单独的房间，单间
просить	请，邀请
кушать	吃
закуска	冷盘
салат	沙拉
свежий	新鲜的
овощ	蔬菜
куриный бульон	鸡汤
уха	鱼汤
борщ	菜汤
по вкусу	叫……喜欢，投合口味

записать	记录下来
взять, возьму, возьмёшь	拿，取
жареная рыба	炸鱼排
котлета с картофелем	土豆肉排

※ 语言注释

注意区分простить与просить，这两个单词只有一个字母之差，前者是"原谅，打扰"，相当于英语里的"Excuse me"，后者是"请，请求，邀请"的意思。

学习要点

- 反复听录音，大声朗读上面的单词，注意发音准确。
- 遮住解释的部分，看看你记得多少。再听录音，边听边想单词的意思。
- 遮住俄语部分看看是否还记得。

对话1

— Простите, есть отдельный кабинет?
— Есть. Прошу.
— Дайте, пожалуйста, меню.
— Вот вам. Будете кушать закуски?
— Да, дайте два салата из свежих овощей.
— Что вы хотите на первое?
— А что у вас есть?
— Есть куриный бульон, уха и борщ.
— Уха нам не по вкусу. Запишите, куриный бульон и борщ.
— А что возьмёте на второе?

— Дайте порцию жареной рыбы и две порции котлет с картофелем.
— Очень хорошо. И что-нибудь на десерт?
— Мороженое, пожалуйста.
— Больше ничего не надо?
— Пока всё.

学习要点

- 大声朗读对话，正确理解对话含义。
- 记住一些菜名。

文化背景

俄罗斯的西餐是很有名的，吃西餐也有很多讲究。首先点凉菜，包括各种熟肉制品和沙拉；然后第一道菜是汤：红菜汤、杂拌汤、肉汤等；第二道菜是主菜，主要是肉食，如：肉排、鱼排、羊肉串等；第三道菜上甜品，如：咖啡、冰淇淋之类的食品。吃西餐时左手拿叉，右手拿刀。

练习1

你会用俄语说下面的短语或句子吗？
单间
您要吃冷盘吗？
别的不需要了。
投合口味
新鲜蔬菜
土豆肉排
炸鱼

02 🔊 **Какие блюда вы предложите?** 您推荐些什么菜呢？

主 要 词 汇

заказать	预订，定购
двое	两个，两对，两双（集数）
садиться（未）- сесть（完）	坐，坐下
блюдо	一盘菜，一道菜
предложить	建议，推荐
курица	鸡，母鸡
особенно	特别是，尤其是
вкусно	好吃地，味道好地
готовить	做饭，准备
острый	辣的
антрекот	煎牛排
цыплёнок	鸡雏，小鸡
хватить	足够，够了
приятного аппетита	祝好胃口

学习要点

- 反复听录音，大声朗读上面的单词，注意发音准确。
- 遮住解释的部分，看看你记得多少。再听录音，边听边想单词的意思。
- 遮住俄语部分看看是否还记得。

对话2

— Простите, этот столик свободен?
— Нет, заказан.

— А куда нам можно сесть?
— Вас двое?
— Да.
— Садитесь за этот столик у окна.
— Хорошо. Какие блюда вы предложите?
— У нас курицу особенно вкусно готовят.
— Нет, не хочу. Это блюдо очень острое.
— А как антрекот?
— Хорошо, возьму. Ещё жареный цыплёнок, пиво и сок.
— Что вам ещё?
— Спасибо, хватит.
— Приятного аппетита.

学习要点

- 大声朗读对话，正确理解对话含义。
- Вас двое？用кого+集合数词，表示"几个人一起"。类似的集合数词还有трое（三个，三对），четверо（四个，四对）。

练习2

你会用俄语说下面的短语或句子吗？
我们三个
祝您好胃口。
我们可以坐哪儿？
炸子鸡
您推荐哪些菜？
靠窗户旁边
这道菜很辣。

03 🔊 **Это вам на чай.** 这是给您的小费。

主 要 词 汇

минуточка	一分钟，一会儿（минута 的指小）
подсчитать	计算，结算
отдельно	单独地
получить	收到，收下
сдача	找回的钱，找零
Это вам на чай.	这是给您的小费。
приходить	来到，回来

学习要点
- 反复听录音，大声朗读上面的单词，注意发音准确。
- 遮住解释的部分，看看你记得多少。再听录音，边听边想单词的意思。
- 遮住俄语部分看看是否还记得。

 对话3

— Официант, счёт, пожалуйста.
— Минуточку. Вам подсчитать вместе или отдельно?
— Вместе, пожалуйста.
— Господин, это ваш счёт.
— Сколько с меня?

— Всего сто сорок рублей.
— Получите, пожалуйста.
— Это вам сдача.
— Сдачи не надо. Это вам на чай.
— Большое спасибо. Приходите ещё.

学习要点
- 大声朗读对话，正确理解对话含义。
- 注意"买单"、"给小费"、"欢迎再来"的说法。

练习3

你在饭馆吃完饭后，准备结账，并想说零钱不用找了，算作小费，你怎么用俄语跟服务员说？

复 习

1. 下面的短语或句子是什么意思？

   Минуточку.
   Это блюдо очень острое.
   Приятного аппетита.
   И что-нибудь на десерт?
   куриный бульон
   предложить
   первое блюдо

2. 替换练习

   1）Это блюдо очень... 这道菜很…
   a. острое 辣的
   b. сладкое 甜的
   c. кислое 酸的
   d. солёное 咸的

2) У нас... особенно вкусно готовят. 我们这儿……做得很美味。
   a. курицу 鸡
   b. утку 鸭
   c. рыбу 鱼
   d. баранину 羊肉

3. 根据后面的回答提问。
   _____? Спасибо, хватит.
   _____? Нет, заказан.
   _____? Да, нас трое.
   _____? На второе - жареный цыплёнок.
   _____? Мороженое, пожалуйста.

4. 参照下面的菜单，选择：
   a. 你今天的午餐。
   b. 你明天的晚餐。
   c. 为你的一位朋友点一份餐。
   d. 如果别人埋单，而且你非常饿，那么你将为自己选择什么食物呢？

Меню

Холодные закуски 冷盘

Творог с изюмом и сметаной	48.00 руб.
Салат крабовый со свежим огурцом	45.00 руб.
Салат классический с пастой	50.00 руб.
Рулетки ветчинные с сыром	63.00 руб.
Салат ''Осенний''	60.00 руб.
Салат ''Витаминный'' с маслом и зеленью	70.00 руб.

Первые блюда 第一道菜

Суп-крем из шампиньонов с гренками	85.00 руб.
Суп азербайджанский ''Пити''	30.00 руб.
Щи из свежей капусты с майонезом	32.00 руб.
Суп гороховый	27.00 руб.

Вторые блюда 第二道菜

Цыплёнок табака с чесночным соусом	72.00 руб.
Навага, жареная с луком	60.00 руб.
Говядина в сливочном соусе с пармезаном	96.00 руб.
Рыба телапия в сливочном соусе	92.00 руб.

Рагу из баранины	82.00 руб.
Свинина, жаренная в кунжуте	82.00 руб.

Вторые блюда, не требующие гарнира 无配菜的第二道菜

вареники с картофелем, с маслом и сметаной	82.00 руб.
запеканка творожная с вишней и сгущенным молоком	65.00 руб.
омлет с ветчиной	54.00 руб.

Гарниры 配菜

Паста с пармезаном	56.00 руб.
Фасоль зеленная с грибами и помидорами	75.00 руб.
Рис с зеленым горошком	33.00 руб.
Картофельное пюре с маслом	30.00 руб.

Десерты, напитки 甜食，饮料

Коктейль молочный	16.00 руб.
Сок	18.00 руб.
Пиво	20.00 руб.
Мороженое	15.00 руб.

参考译文

对话1

— 请问有包间吗？
— 有。这边请。
— 请拿给我菜单。
— 给您。要冷盘吗？
— 嗯，来两盘蔬菜沙拉。
— 您第一道菜要什么？
— 您这边有什么？
— 有鸡汤、鱼汤、菜汤。
— 鱼汤我们不喜欢。请记下，一份鸡汤，一份菜汤。
— 你们第二道菜想要什么？
— 请来一份炸鱼排，两份土豆肉排。
— 好的。还来点甜食吗？
— 冰淇淋。
— 不要别的了吗？
— 先就这么多吧。

对话2

— 请问这张桌子是空着的吗?
— 不是,已经有人定了。
— 那我们能坐哪儿呢?
— 你们两个人?
— 是的。
— 请坐靠窗的那张桌子吧。
— 好的。请推荐几个菜吧。
— 我们这里鸡做得很好吃。
— 嗯,不喜欢。这道菜太辣。
— 那煎牛排怎么样?
— 好的,要了。再来个炸鸡仔,一杯啤酒,一杯果汁。
— 您还要点什么?
— 谢谢,够了。
— 祝你们好胃口。

对话3

— 服务员,请结账。
— 请稍等。你们是一起付还是分开付?
— 一起付。
— 先生,您的账单。
— 多少钱?
— 一共140卢布。
— 请收好。
— 这是您的找头。
— 不用找了,这是给您的小费。
— 非常感谢。欢迎再次光临。

第十二单元 Телефонный разговор 打电话

单元要点：

- 怎样询问对方是谁
- 在电话中做自我介绍
- 怎样请某人接电话/请对方留言
- 如何询问电话号码
- 怎样说对方打错电话
- 怎样买电话卡

01

📢 **Попросите, пожалуйста, Ирину.**
请教伊琳娜接电话。

主要词汇

звонить（未），позвонить（完）	打电话
пригласить	邀请，请
в кино	去影院
встреча	见面
До встречи.	再见
позвать	叫，喊
позвать кого к телефону	叫某人接电话
передать	转达，转告
пусть	让
прийти, приду, придёшь	回来，来到

学习要点

- 反复听录音,大声朗读上面的单词,注意发音准确。
- 遮住解释的部分,看看你记得多少。再听录音,边听边想单词的意思。
- 遮住俄语部分看看是否还记得。

对话1

— Алло! Слушаю.
— Попросите, пожалуйста, Ирину.
— Я у телефона. А кто говорит?
— Это Нина говорит. Ты мне звонила сегодня?
— Звонила. Хочу пригласить тебя в кино. Пойдёте?
— С удовольствием. До встречи.
— Пока.

— Алло! Здравствуйте!
— Здравствуйте! Можно позвать к телефону Сашу?
— Саши нет дома. Ему что-нибудь передать?
— Передайте, пожалуйста, это говорит Виктор. Пусть он мне позвонит, когда он придет.
— Хорошо. Обязательно передам.
— Спасибо. До свидания.

学习要点

- 大声朗读对话，正确理解对话含义。
- Это Нина говорит. （我是尼娜。）
  中国人接到电话后自报姓名说"我是××。"俄语则要说Это Нина, говорит Нина, Это Нина говорит. 或者用Я у телефона. （我就是。）
  不能说"Я нина"或"Я говорю"。
- Саши нет дома. 萨沙不在家。
  注意：俄语中说"某人不在家"的句型不是кто нет дома，而是кого（二格）нет дома。

练习1

你会用俄语说下面的短语或句子吗？

伊拉不在家。
请让尼娜接电话。
需要向他转达什么吗？
我一定会转告。
邀请某人看电影

02

🔊 **Вы ошиблись номером.** 您打错电话了。

主要词汇

компания	公司
разве	难道
фирма	公司，厂商
ошибаться（未），ошибиться（完）	弄错，犯错误
перемениться	变动，改变

к сожалению	很遗憾，非常抱歉
всё-таки	仍然

学习要点

- 反复听录音，大声朗读上面的单词，注意发音准确。
- 遮住解释的部分，看看你记得多少。再听录音，边听边想单词的意思。
- 遮住俄语部分看看是否还记得。

 对话2

— Здравствуйте! Это компания «Весна». Слушаю вас.
— Простите, пожалуйста, разве это не фирма «Звезда»?
— Нет, вы ошиблись номером.
— Подождите, ваш номер не 492-38-23?
— Да, номер правильный. Может быть, их номер переменился. Наша компания новая.
— Вы тоже не знаете их новый номер?
— К сожалению, нет.
— Всё-таки вам спасибо. До свидания.
— Пожалуйста.

学习要点

- 大声朗读对话，正确理解对话含义。
- 注意打错电话时的说法，以及怎样询问对方电话号码。
- ошибиться的过去式为ошибся, ошиблась, ошиблись。
- 当对方打错电话时也可以说："Вы не правильно набрали номер（您拨错了电话号码）"，"Вы не тот номер набрали（您拨的不是那个电话号码）"，"Вы не туда попали（您打错了）"。

> **练习2**
>
> 你会用俄语说下面的短语或句子吗？
> 号码变了。
> 新号码
> 很抱歉
> 仍然谢谢您。

03 Где можно купить телефонные карты?
哪儿可以买到电话卡？

主要词汇

телефон-автомат	自动收费公用电话
недалеко	不远
киоск	售货亭，报亭
карта	卡，磁卡
телефонная карта	电话卡
единица	单位

学习要点

- 反复听录音，大声朗读上面的单词，注意发音准确。
- 遮住解释的部分，看看你记得多少。再听录音，边听边想单词的意思。
- 遮住俄语部分看看是否还记得。

 对话3

— Простите, пожалуйста, где здесь есть телефон-автомат?
— Там. Недалеко от киоска.
— А можно позвонить по карте?
— Можно.
— Спасибо. Вы не знаете, где можно купить телефонные карты?
— И у нас есть.
— Какие?
— Есть карты на сто единиц и на пятьдесят единиц.
— Дайте, пожалуйста, телефонную карту на сто единиц.
— Хорошо.

学习要点

- 大声朗读对话，正确理解对话含义。
- 学会询问"哪儿有自动收费公用电话"，"哪儿有电话卡卖"，"多少面值的电话卡"。

练习3

来到一个陌生的地方，你想要找公用电话，你怎样向路人询问？

复 习

1. 下面的短语或句子是什么意思？
   телефонная карта на сто единиц
   позвонить по карте
   Недалеко от киоска.
   вы ошиблись номером

телефон-автомат
Пусть он мне позвонить, когда придёт.

2. 你会用几种句型说"您打错电话了"?

3. 用俄语说说这是什么?
报亭　电话卡　自动收费公用电话

4. 替换练习

1）...(Алло!) 喂!
　　Да. Слушаю вас. 喂！请讲。

2）...к телефону Сашу. (?) ……萨沙听电话。（吗？）
　　a. Позовите, пожалуйста, 请叫一下
　　b. Можно попросить, 可以请
　　c. Вы не можете позвать 你能不能叫一下

3）...нет дома. ……不在家。
　　a. Её　她
　　b. Мамы　妈妈
　　c. Папы　爸爸
　　d. Его　他

5. 根据后面的回答提问。

　　_____? Это Нина говорит.
　　_____? Нины нет дома.
　　_____? На почте есть телефон-автомат.
　　_____? Да, можно по карте.
　　_____? Мне нужна карта на сто единиц.

参考译文

对话1

— 喂！请讲。
— 请叫伊琳娜接电话。
— 我就是。你是哪位?
— 我是尼娜。你今天给我打电话了吗?
— 打了。想请你一起去电影院，去吗?
— 好啊。一会见。
— 一会见。

— 喂，您好！
— 您好！可以叫萨沙接电话吗？
— 萨沙不在家。需要转达什么吗？
— 请转告他，维克多给他打电话了。让他回来给我打个电话吧。
— 好的，一定转达。
— 谢谢。再见。

对话2

— 您好！这是"春天"公司。请说。
— 请问，这难道不是"星星"公司吗？
— 不是，你打错了。
— 请等一下，你们的号码不是4923823吗？
— 是啊，号码是正确的。也许，他们的号码变了。我们公司是新开的。
— 您也不知道他们的新号码吗？
— 很遗憾，不知道。
— 仍然谢谢您。再见。
— 不客气。

对话3

— 请问，这里有自动收费公用电话吗？
— 在那边。离售货亭不远。
— 那里可以用磁卡打电话吗？
— 可以。
— 谢谢。您知道，哪儿可以买到电话卡？
— 我这儿就有。
— 哪样的？
— 有100单位的和50单位的。
— 请给我一张100单位的吧。
— 好的。

第十三单元 В гостях 做客

单元要点：

- 如何表达邀请别人来做客
- 如何说见面时的客套话
- 如何送礼物
- 怎样说餐桌上的用语
- 怎样道别

 🔊 **Приходите к нам в гости!** 到我们家来做客吧！

приходить	来到，回来
в гости	去做客，来做客
день рождения	生日
договориться	说定了
жить, живу, живёшь	住，生活
неизвестно	不清楚，不知道
встретить, встречу, встретишь	迎接，遇到
остановка	停车站
автобус	公共汽车

学习要点

- 反复听录音，大声朗读上面的单词，注意发音准确。
- 遮住解释的部分，看看你记得多少。再听录音，边听边想单词的意思。
- 遮住俄语部分看看是否还记得。

 对话1

— В пятницу вечером вы будете свободны?
— Да, я свободен. А что?
— Приходите к нам в гости! У меня день рождения.
— Хорошо, с удовольствием.
— Договорились! Вы знаете, где мы живём?
— Нет, не знаю.
— Тогда я встречу вас на остановке автобуса.
— Спасибо большое.

学习要点

- 大声朗读对话，正确理解对话含义。
- 区分в гости与标题в гостях，前者表示"到哪做客"，回答的是куда的问题，后者表示"在哪里做客"，回答的是где的问题。

> **练习1**
>
> 你这周六要过生日了,将举行party,你怎样邀请你的同学Нина到你家做客?

02 🔊 Это так мило с вашей стороны.
您真是太客气了。

主要词汇

долго	长时间,很久(副词)
ждать	等候
опоздать	迟到
раздеваться	脱去衣服
С днём рождения!	生日快乐!
подарок	礼物
роза	玫瑰
хозяйка	女主人
цветы	花
мило	客气,殷勤,周到(милый的形短)
сторона	面,方面

学习要点
- 反复听录音,大声朗读上面的单词,注意发音准确。
- 遮住解释的部分,看看你记得多少。再听录音,边听边想单词的意思。
- 遮住俄语部分看看是否还记得。

 对话2

— Сергей Петрович, так хорошо, что вы пришли. Мы долго вас ждали.
— Я не опоздал?
— Нет, что вы. Проходите. Раздевайтесь.
— Чуть не забыл. С днём рождения! Это вам подарок от меня, а розы хозяйке.
— Какие красивые цветы! Это так мило с вашей стороны. Садитесь, пожалуйста. Будьте, как дома.
— Хорошо, спасибо.

🔔 文化背景

去俄罗斯人家中做客，应该准备礼物，不拘贵贱，贵在"礼轻情谊重"。送鲜花是最常见的，也是最受欢迎的。到达的时间应比约定的时间略晚一些，但不要晚太多。进屋后应脱掉外衣和帽子，先向女主人问好，再向男主人问好。就餐时应祝酒，尤其一定要提议为女主人干杯，感谢她的邀请和款待。

※ 语言注释

С днём рождения!（生日快乐），前置词с加上表示节日的名词五格，表示祝贺（……节日快乐）。例如：с праздником!（节日快乐！）

学习要点

● 大声朗读对话，正确理解对话含义。

练习2

你会用俄语说下面的短语或句子吗？
请进。
生日快乐
您真是太客气了。

多漂亮的花呀!
脱掉大衣
迟到

03 🔊 Я предлагаю тост за встречу.
我提议为咱们的见面干一杯。

主要词汇

накрыт	覆盖，罩上（накрыть 的被动形动词短尾）
к столу	入座
сюда	到这里
положить	放置，放
беспокоиться	担心，费心
попробовать	尝一尝，试一下
фирменное блюдо	拿手菜，招牌菜
есть, ел, ела	吃东西，吃，咬
подобный	类似的，像那样的
предлагать	提议，建议
тост	祝酒辞
встреча	会见，聚会
выпить	喝完，喝下
быстро	快地
рано	早
посидеть	坐一坐，坐一会
немножко	少许；一会儿（немного 的指小）
поздно	晚，迟到地
ладно	行了，算了
уговаривать	劝说，说服

приглашение	邀请
угощение	款待
счастливо!	<口>祝你幸福！（告别时用语）

学习要点

- 反复听录音，大声朗读上面的单词，注意发音准确。
- 遮住解释的部分，看看你记得多少。再听录音，边听边想单词的意思。
- 遮住俄语部分看看是否还记得。

 对话3

— Стол уже накрыт. Прошу всех к столу. Серёжа, сади-тесь сюда. Что вам положить – салат или рыбы?
— Не беспокойтесь, я сам.
— Попробуйте, это наше «фирменное» блюдо.
— Очень вкусно. Никогда не ел ничего подобного.
— Очень рада слышать об этом. Я предлагаю тост за встречу.
— Давайте выпьем.
— Давайте.
— Возьмите ещё салат.
— Спасибо, больше не могу.

（饭后）
— Так быстро прошло время. Мне пора уходить.
— Нет, что вы, ещё рано. Посидите ещё немножко.
— Поздно. Мне пора идти.
— Ну, ладно. Не буду уговаривать.
— Спасибо за приглашение и угощение. Всего доброго.
— Счастливо!

学习要点
- 大声朗读对话，正确理解对话含义。
- 学习餐桌上的对话。
- 学习告别用语。

练习3

你会用俄语说下面的短语或句子吗?
请入座。
拿手菜
时间过的真快。
请再坐一会吧。
不用费心。

复 习

1. 下面的短语或句子是什么意思?

   Я предлагаю тост за хозяйку.
   Спасибо за приглашение.
   уговаривать
   Давайте выпьем.
   Это вам подарок от меня.
   Будьте, как дома.
   остановка автобуса

2. 你去参加朋友的聚会，你会送她?

   A. восемь белых роз
   B. девять красных роз
   C. девять жёлтых роз
   D. десять красных роз

3. 你会怎样称赞女主人的菜做的好吃？

4. 做客饭后，你怎样向主人告别？

5. 好朋友Нина要过生日了，你怎样向她祝贺？

参考译文

对话1

— 周五晚上您有空吗？
— 有空啊。什么事？
— 到我们家来做客吧。我过生日。
— 好啊，好极了。
— 那说定了哦。您知道我们住哪吗？
— 不清楚啊。
— 那我到时去车站接您吧。
— 多谢了。

对话2

— 谢尔盖·彼得罗维奇，您来了真好。我们等您好久了。
— 我没迟到吧？
— 没有，瞧您说的。请进。请脱去大衣。
— 差点没忘了。生日快乐！这是我给您的礼物，玫瑰是给女主人的。
— 多漂亮的花呀。您真是太客气了。快请坐。就像自己家里一样。
— 好的，谢谢。

对话3

— 桌子已经铺好了。请大家入座。谢廖沙，坐到这儿来吧。给您夹点什么？沙拉还是鱼？
— 不用费心，我自己来。
— 来尝尝我们家的拿手菜。
— 非常好吃。从没有吃过这样的。
— 很高兴听您这样说。我提议为咱们的见面干一杯吧。
— 来干杯！
— 干了！
— 您再来点沙拉吧？
— 谢谢，不能再多吃了。

— 时间过得真快呀。我该走啦。
— 没呢,还早着呢。再坐一会吧。
— 晚了,我该走了。
— 那好吧,就不留你了。
— 谢谢你们的邀请和款待。再见!
— 再见!

第十四单元 Городской транспорт 市内交通

单元要点：

- 如何问路
- 如何指路
- 如何询问或说一个地方有多远
- 怎样说各种交通工具和车站

🔊 **Вы не скажете, где здесь станция метро?**
请问，哪儿有地铁站？

主要词汇

交通工具	
автобус	公共汽车
троллейбус	无轨电车
трамвай	有轨电车
метро	地铁
такси	出租车
машина	轿车
поезд	火车
самолёт	飞机
пароход	轮船
остановка	汽车站
станция	地铁站

стоянка	出租汽车站
будьте добры	劳驾
прямо	一直，笔直地
перекрёсток	十字路口，交叉处
налево	向左
отсюда	从这里
близко	接近，近
ходьба	（步行）路程，行程

学习要点

- 反复听录音，大声朗读上面的单词，注意发音准确。
- 遮住解释的部分，看看你记得多少。再听录音，边听边想单词的意思。
- 遮住俄语部分看看是否还记得。

 对话1

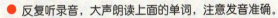

— Будьте добры, вы не скажете, где здесь станция метро?
— Идете прямо, потом на втором перекрёстке налево.
— Это далеко отсюда?
— Нет, это совсем близко. Три- четыре минуты ходьбы.
— Спасибо большое.
— Пожалуйста.

学习要点

大声朗读对话，正确理解对话含义。

> **练习1**
> 你要去邮局,却不知道路,你如何向路人询问,以及问多长时间能到达?

02　Нужно ли делать пересадку?
需要换乘吗?

主要词汇

молодой	年轻的
пройти	通过,走过,走到
музей Пушкина	普希金博物馆
сложно	复杂地
пешком	步行(副词)
повернуть	转向,拐弯
направо	向右
делать пересадку	换乘
езда	(乘行的)路程

学习要点
- 反复听录音,大声朗读上面的单词,注意发音准确。
- 遮住解释的部分,看看你记得多少。再听录音,边听边想单词的意思。
- 遮住俄语部分看看是否还记得。

对话2

— Молодой человек, скажите, как пройти к музею Пуш-кина?
— Это немного сложно.
— Можно пешком?
— Лучше поехать на автобусе. Это далеко.
— А как?
— Идете прямо, потом поверните направо, вы увидите остановку. Сядьте на шестой автобус.
— Нужно ли делать пересадку?
— Не надо. Прямо до музея Пушкина.
— Вы не знаете, сколько минут нужно ехать?
— 25 минут езды.
— Спасибо большое.
— Не за что.

学习要点

- 大声朗读对话，正确理解对话含义。
- сесть на автобус, сесть后接куда的形式，区别于ехать на автобусе。

练习2

你会用俄语说下面的短语或句子吗?

可以步行去吗?
请问怎样去普希金博物馆?
换乘
10分钟的车程
步行15分钟
向右拐

03 🔊 **Сейчас час пик, везде пробки.**
现在正是高峰期，到处堵车。

主要词汇

вокзал	火车站
нездешний	外来的，非本地的
добраться	到达
напротив	在对面
лини́я	线，线路
выйти	走出
пересесть	改乘，换乘
спешить	急忙，赶去
час пик	高峰时间
везде	到处
пробка	塞子

学习要点
- 反复听录音，大声朗读上面的单词，注意发音准确。
- 遮住解释的部分，看看你记得多少。再听录音，边听边想单词的意思。
- 遮住俄语部分看看是否还记得。

对话3

— Простите, какой автобус идёт до вокзала?
— Извините, я тоже не знаю. Я нездешний, лучше спросите

кого-нибудь другого.
— Хорошо, спасибо.

— Скажите, пожалуйста, как добраться до вокзала?
— Напротив на метро линии один, выйдете через три станции, потом пересядьте на метро линии пять...
— Ещё пересадку? Ой, я очень спешу. Может быть, на такси быстрее?
— Не обязательно. Сейчас час пик, везде пробки.
— Тогда я всё-таки на метро. Спасибо.
— Пожалуйста.

学习要点

- 大声朗读对话，正确理解对话含义。
- 学习换乘地铁的说法。

练习3

你会用俄语说下面的短语或句子吗？
外地人
高峰时刻
我赶时间。
二号地铁线
乘出租车
请问怎样去火车站？

复 习

1. 下面的短语或句子是什么意思？

Сейчас час пик, везде пробки.
Можно пешком?
тридцать минут ходьбы
два часа езды
Сколько минут нужно ехать?
повернуть направо

2. 如果去下面几个地点，你该怎样问路？
гостиница　кафе　почта　МГУ　театр

3. 向你的俄罗斯朋友指出下面的方向
   a. 一直向前走，在右边
   b. 一直向前走，然后左拐
   c. 一直向前走，在第三个路口右拐
   d. 马路对面就是

4. 你怎样用俄语说下面的旅行方式：
   乘公共汽车　自驾车　步行　坐火车　乘飞机

5. 替换练习
   1）Я..., я первый раз в Москве. 我是……，我第一次来莫斯科。
   a. приезжая　外地人
   b. иностранец　外国（男）人
   c. иностранка　外国（女）人
   d. нездешний　外来的

   2）Скажите, пожалуйста, где находится...? 请问，……在什么地方？
   a. Кремль　克里姆林宫
   b. Третьяковская галерея　特列季亚科夫画廊
   c. Эрмитаж　艾尔米塔什
   d. гостиница Россия　俄罗斯饭店

参考译文

对话1

— 请问,哪儿有地铁站?
— 一直往前走,第二个十字路口左拐。
— 离这儿远吗?
— 不远,很近的。走三四分钟就行。
— 非常感谢。
— 不客气。

对话2

— 年轻人,请问,怎样去普希金博物馆?
— 这有点复杂。
— 能步行去吗?
— 最好坐公交车,有点远。
— 那怎么去?
— 一直往前走,然后右拐,您可以看见车站。坐6路公交车。
— 需要换乘吗?
— 不需要。可以直接到普希金博物馆。
— 您知不知道,大概要多久?
— 25分钟的车程。
— 十分感谢。
— 不客气。

对话3

— 请问哪一路公交车到火车站?
— 不好意思,我也不知道。我不是本地人,您最好问问别人吧。
— 好的,谢谢。

— 请问,怎么去火车站?
— 在对面坐地铁1号线,坐3站,然后换乘地铁5号线……
— 还要换乘啊?哎,我很着急。或许,乘出租车是不是快一点?
— 也不一定。现在正是高峰期,到处堵车。
— 那我还是坐地铁吧。谢谢。
— 不客气。

第十五单元 В аэропорте 在机场

单元要点：

- 表达买飞机票
- 如何办理登机手续
- 怎样进行海关申报
- 在飞机上的感觉

01

🔊 **По каким дням летают самолёты в Москву?** 哪天有飞往莫斯科的飞机？

主要词汇

летать	飞，飞行（不定向动词）
рейс	航班，班次
следующий	下一个的
предъявить	出示，提出
паспорт	护照，身份证
вылететь	起飞（定向动词）
салон	客舱，沙龙
класс	类，级，等
экономический	经济的
ближе	较近的（близкий的比较级）

学习要点

- 反复听录音，大声朗读上面的单词，注意发音准确。
- 遮住解释的部分，看看你记得多少。再听录音，边听边想单词的意思。
- 遮住俄语部分看看是否还记得。

 对话1

— Скажите, пожалуйста, по каким дням летают самолёты в Москву?
— По вторникам и пятницам. Два рейса.
— Я хочу купить билет на следующий вторник.
— Предъявить, пожалуйста, ваш паспорт.
— Вот вам. Скажите, какой это номер рейса? Это прямой рейс? Когда вылетит?
— Да, прямой. Номер рейса: ZA 1689. Самолёт вылетит в 14:15.
— Это хорошо.
— Вам билет в салон первого класса или экономиче-ского класса?
— Экономического класса. Прошу вас дать мне место ближе к окну.
— Хорошо.

学习要点

- 大声朗读对话，正确理解对话含义。
- 学习表达"什么时候的航班"，"买哪天的票"，"几等舱"，"买靠窗户的座位"。
- летать是不定向动词，其对应的定向动词为лететь，вылететь是表示定向的起飞，相应прилететь是定向的飞抵、飞达。

练习1

你会用俄语说下面的短语或句子吗？

头等舱
经济舱
靠窗户的座位
买明天的票
请出示您的身份证。

02 🔊 Здесь производится таможенный досмотр? 是这儿进行海关检查吗？

主要词汇

производиться	进行，生产
таможенный	海关的，关税的
досмотр	检查
декларация	申报单
заявить	声明，宣称，提出

вещи	物品，东西（вещь的复数形式）
перечислить	列举
багаж	行李
чемодан	皮箱，手提箱
личный	个人的，私人的
пользование	使用，应用（名）
сувенир	纪念品
иностранный	外国的
валюта	货币，外汇
посчитать	数一数，点一点

学习要点

- 反复听录音，大声朗读上面的单词，注意发音准确。
- 遮住解释的部分，看看你记得多少。再听录音，边听边想单词的意思。
- 遮住俄语部分看看是否还记得。

对话2

— Здесь производится таможенный досмотр?
— Да, здесь. Вы заполнили бланк таможенной декларации?
— А что надо заявить в декларации? Все вещи?
— Нет, запините только те, что перечисленов декларации.
— Понял. Вот мой багаж.
— Что у вас там в чемодане?
— Вещи личного пользования. Несколько подарков и сувениров.
— Покажите вашу иностранную валюту. Я посчитаю.

— Пожалуйста. Всё в порядке?
— Нет, всё в порядке.

学习要点
- 大声朗读对话，正确理解对话含义。
- 学习表达相关的登机手续。

练习2

你会用俄语说下面的短语或句子吗？
海关检查
海关申报单
填表
礼品和纪念品
外汇
私人物品
一切正常。

Вы пристегнули ремни?
您系好安全带了吗？

主 要 词 汇

наконец-то	最终，终于
пристегнуть	系上
ремень	皮带
полёт	飞行（名）

журнал	杂志
уши	耳朵（ухо的复数形式）
болеть	疼，痛（一、二人称不用болит）
переносить	经受住，遭受过
жвачка	口香糖
думать	想，考虑

学习要点

- 反复听录音，大声朗读上面的单词，注意发音准确。
- 遮住解释的部分，看看你记得多少。再听录音，边听边想单词的意思。
- 遮住俄语部分看看是否还记得。

对话3

— Наконец-то мы сели в самолёт. Вы пристегнули ремни?
— Да. Вы не знаете, сколько времени самолёт будет в полёте?
— Три часа. Вы хотите читать журнал?
— Нет. У меня уши болят.
— Вы плохо переносите самолёт?
— Да, немного.
— Может быть, вам нужна жвачка?
— Я тоже так думаю.

学习要点

● 大声朗读对话，正确理解对话含义。
● 学习表达"系安全带""晕机"等。

练习3

你会用俄语说下面的短语或句子吗？

您系上安全带了吗？
飞机将飞行多长时间？
最后终于
我晕飞机。
您晕车吗？
我需要口香糖。

复 习

1. 下面的短语或句子是什么意思？

   вещи личного пользования
   пристегнуть ремень
   салон первого класса
   по средам
   бланк таможенной декларации
   Покажите вашу иностранную валюту.

2. 你会怎样问到……哪天有航班？

   a. 到莫斯科
   b. 到北京
   c. 到上海

3. 你要去俄罗斯。下面是你的航班详细情况，打电话告诉你的俄罗斯朋友：

   出发地：Харбин　　11:30
   目的地：Якутск　　15:25
   航班号：SU528

4. 你打电话询问返程航班的情况，你会怎样问下列情形：
   a. 飞机什么时候离开Санкт-Петербург?
   b. 是直达航班吗?
   c. 航班号是什么?
   d. 什么时候到达Пекин?

5. 根据后面的回答提问。
   _____? Есть два рейса в Москву.
   _____? Три часа в полёте.
   _____? В чемодане только личные вещи.
   _____? Экономического класса.
   _____? Билет на пятое Мая, пожалуйста.

参考译文

对话1

— 请问，哪天有飞往莫斯科的飞机?
— 每周二、周五，两班航班。
— 我想买下周二的机票。
— 请出示您的护照。
— 给您。请问，航班号是多少? 是直达航班吗? 什么时候起飞?
— 是直达的。航班号：ZA 1689。14:15起飞。
— 那不错。
— 您要一等舱还是经济舱?
— 经济舱。请给我一个靠窗户的座位。
— 好的。

对话2

— 是这儿进行海关检查吗?
— 是的。您填了海关申报单的表格了吗?
— 都要申报些什么? 所有的东西吗?
— 不是的，只要填申报单内列举的东西就行。
— 明白了。这是我的行李。
— 您的手提箱里是什么?
— 一些私人用品。几个礼物、纪念品。
— 请拿出您的外汇。我数一下。
— 请吧。还有问题吗?

— 没有了，一切就绪。

对话3
— 我们终于坐上飞机了。您系好安全带了吗？
— 系好了。您知不知道，飞机要飞多久？
— 3小时。您想要看杂志吗？
— 不了。我耳朵疼。
— 您晕机吗？
— 有一点。
— 也许，您该要点口香糖？
— 我也是这么想的。

第十六单元 В гостинице 在酒店

单元要点：

- 怎样预约酒店
- 怎样入住酒店
- 说什么东西出了毛病
- 怎样结账退房

01 🔊 Размещение в гостинице
入住宾馆

主 要 词 汇

гостиница	酒店，旅馆，饭店
отель	酒店，饭店
номер на одного	单人间
номер на двоих	双人间
номер на троих	三人间
заказать-заказывать	订
забронировать	预订
номер	宾馆的房间
входить	包括
Шведский завтрак	自助早餐
ключ	钥匙
карточка	房卡
минуточку	稍等

学习要点

- 反复听录音,大声朗读上面的单词,注意发音准确。
- 遮住解释的部分,看看你记得多少。再听录音,边听边想单词的意思。
- 遮住俄语部分看看是否还记得。

 对话1

— Алло, здравствуйте! это гостиница «Космос».
— Здравствуйте! У вас есть свободные номера? Я хочу заказать номер.
— Да, а какой номер вы хотите?
— Мне нужно номер на двоих.
— Хорошо, а на сколько дней?
— На три дня. А сколько стоит номер в сутки?
— 50 долларов, входит Шведский завтрак.
— Хорошо, спасибо.

— Добрый день, господа. Я к вам услугам.
— Меня зовут Максим, я заказывал у вас номер по телефону.
— Минуточку. Я проверю заказ. Дайте ваш паспорт.
— Пожалуйста.
— Вот ваш ключ и карточка.

学习要点

- гостиница 和 отель 都是宾馆、酒店的意思。前者是俄罗斯土生土长的词，后者是由英语 hotel 转化过来的，不过目前 отель 越来越流行，用的人很多。
- номер 本来是号码的意思，如 телефонный номер 电话号码，但宾馆的房间一般都用 номер（可能是宾馆房间都有门牌号吧），而 комната 就指一般的房间，如宾馆里双人间、三人间里面的小房间。

练习1

下面的话用俄语怎么说

预订房间
请稍等
自助早餐
请出示护照
住几天？
房卡

Чайник не работает.
茶壶坏了。

主要词汇

чайник	茶壶，茶炊
работать	工作
телевизор	电视机

холодильник	电冰箱
кондиционер	空调
лампа	灯
туалет	卫生间
кровать	床
одеяло	被子
подушка	枕头
полотенце	毛巾
мыло	香皂
халат	睡袍
туфли	拖鞋
фен	吹风机
принести	带来，送去
поменять	换

学习要点

- 反复听录音，大声朗读上面的单词，注意发音准确。
- 遮住解释的部分，看看你记得多少。再听录音，边听边想单词的意思。
- 遮住俄语部分看看是否还记得。

对话2

— Здравствуйте, у нас в комнате чайник не работает.
— А какой номер у вас?
— 518. А ещё у нас два человека, но халат только один, и полотенца совсем нету!
— Извините, скоро принесут.
— Скорее, пожалуйста. А то поменяйте нам на другой номер.
— Конечно, обязательно.

学习要点

- 完全理解对话并大声朗读。
- 尝试将对话部分名词进行替换，学会说什么东西坏了，什么东西没有。
- нету 同 нет，比较口语化。都接名词的二格形式（单二格，复二格）。

练习2

你会用俄语说下面的句子吗？

空调不能用了。
我的房间里没有拖鞋。
我想换一个房间。
派人很快送过去。

03

🔊 **Оплата счёта** 结账退房

主要词汇

оплата	付款（名词）
счёт	账单
оплатить	付，付款（动词）
доплатить	加付
сдать номер	退房
подождать	等一下
выехать	离开
половина	一半

| квитанция | 收据 |
| счастливого пути | 一路顺风 |

学习要点

- 反复听录音,大声朗读上面的单词,注意发音准确。
- 遮住俄语部分看看是否还记得。

 对话3

— Спросите, мы сегодня уезжаем. Когда можно сдать номер?
— Вы должны выехать из номера к двенадцати. Иначе вы должны ещё доплатить за половину суток.
— Хорошо, тогда я сейчас оплачу.
— Прошу вас подождать немножко. Сначала мы проверим номер.
— Хорошо, без проблемы.
— Вот ваш счёт. Всего 90 долларов.
— Вот вам. Дайте квитанцию.
— Хорошо. Пожалуйста.
— Спасибо, до свидания.
— Счастливого пути.

学习要点

- 完全理解对话。
- 多练习对话，遮住右边俄语部分，看看是否还能记得。
- 有条件的，两个人一起演练一下。

练习3

你会用俄语说下面的句子吗？

我想结账。
什么时候可以退房？
请给我收据。
没问题。
一路顺风。

复 习

1. 假如你打电话想预约一个房间，应该怎么说？

2. 假如你是前台接待处，客人抱怨房间没有吹风机，你会怎么说？

3. 根据回答，说出上一句。
   a. _____. Здравствуйте, я хочу заказать номер.
   b. _____? Номер на троих.
   c. _____? Да, входит в стоимость Шведский завтрак.
   d. _____. Скоро вам принесут новый чайник.
   e. _____? На три дня.
   f. _____? 30 долларов в сутки.

4. 这些词或句子什么意思？
   номер на одного
   Шведский завтрак
   подождать
   Минуточку.
   половина суток
   Счастливого пути.

5. 你怎样用俄语说：

    a. 没有电话
    b. 没有睡衣
    c. 没有枕头
    d. 我的房间没有电话。

6. 你怎样用俄语说：

    a. 空调不能用了
    b. 吹风机坏了
    c. 电视机打不开

参考译文

对话1

— 喂，您好！这是"宇宙"宾馆。
— 您好！你们有空房间吗？我想订房间。
— 有。您想要什么样的房间？
— 我需要二人间。
— 好的，住几天？
— 三天。一天多少钱？
— 50美元，包括自助早餐。
— 好的，谢谢。

— 下午好，先生。愿为您效劳。
— 我叫马克西姆，我打电话在你们这订房了。
— 稍等。我看一下预订单。请出示您的护照。
— 给。
— 这是您的房间钥匙和房卡。

对话2

— 您好，我房间里的茶壶坏了。
— 您哪个房间？
— 518。而且我们是两个人，但只有一件睡袍，毛巾一条没有。
— 对不起，马上给您送过去。
— 请快一点，不然就请给我们换房间。
— 好的，一定。

对话3

—　问一下，我们今天离开。什么时候可以退房？
—　你们应该在12点之前离开房间。否则，您需要再交半天房费。
—　好的，那我现在就结账吧。
—　请稍等。我们先要检查一下房间。
—　好的，没问题。
—　这是您的账单，一共90美金。
—　给您。请开一下收据。
—　好的。
—　谢谢，再见。
—　一路顺风。

第十七单元 В банке 在银行

单元要点：

- 如何在银行兑换外币
- 询问汇率
- 办理存钱，取钱
- 怎样开户
- 办理信用卡

  **обменять валюту** 兑换外币

主要词汇

обменять	换，兑换
валюта	外汇，外币，货币
поменять	交换，兑换
курс	汇率
доска	板，屏，台
курсовая таблица	汇率一览表
деньги	钱

学习要点

- 反复听录音，大声朗读上面的单词，注意发音准确。
- 遮住解释的部分，看看你记得多少。再听录音，边听边想单词的意思。
- 遮住俄语部分看看是否还记得。

 对话1

— Здравствуйте, у вас можно обменять валюту?
— Да, можно.
— Я хочу поменять сто долларов на рубли.
— Хорошо. Дайте, пожалуйста, ваш паспорт.
— А какой сегодня курс?
— Посмотрите на доску курсовую таблицу. Сегодня один доллар стоит тридцать рублей.
— Хорошо. Вот мой паспорт.
— Получите, пожалуйста, деньги.
— Спасибо.

学习要点

- 大声朗读对话，正确理解对话含义。
- 学习怎样换外币。

练习1

你怎样说要：
a. 把5 000元人民币换成美元
b. 把300美元换成卢布
c. 把200美元换成人民币
d. 换1 500卢布的美元

02　 снять деньги 取钱

主要词汇

кредитная карточка	信用卡
банкомат	自动取款机
вход	入口处
банк	银行
снять	取下，拿下，摘下
сберкнижка	存折

学习要点
- 反复听录音，大声朗读上面的单词，注意发音准确。
- 遮住解释的部分，看看你记得多少。再听录音，边听边想单词的意思。
- 遮住俄语部分看看是否还记得。

对话2

— Здравствуйте, могу ли я получить деньги по кредитной карточке?
— Конечно. Какая у вас карточка?
— «Виза».
— По этой карточке вы можете получить деньги в банко-мате. Он стоит у входа в банк.
— Спасибо. Мне ещё надо снять деньги с этой сберкн-ижки.
— Хорошо. Сколько?
— Двести долларов.
— Заполните бланк, пожалуйста.

※ 语言注释

Виза这里是指维萨卡，英文VISA的俄文读法。而不是另一俄文单词 виза（签证）。

学习要点

- 大声朗读对话，正确理解对话含义。
- 注意一些银行术语的说法。

练习2

你会用俄语说下面的短语或句子吗？
存折
信用卡
自动提款机
用信用卡取钱
从存折上取钱

03 открыть счёт 开账户

主要词汇

желать	希望，想要
завести	设立，开设
открыть	打开；开立
счёт	账户
формуляр	履历表；单子，表
разрешить	准许，许可
оформить	办理手续
банковая карточка	银行卡
удобно	方便地
внести	记入，放入，存入
отправить	寄，发出，派出

学习要点

- 反复听录音，大声朗读上面的单词，注意发音准确。
- 遮住解释的部分，看看你记得多少。再听录音，边听边想单词的意思。
- 遮住俄语部分看看是否还记得。

 对话3

— Что вы желаете?
— Я хочу завести сберкнижку.

— Вы хотите открыть счёт?
— Да, вот я заполнил формуляр.
— Разрешите! Правильно. Вы не хотите оформить банковую карточку? Это удобно.
— Хорошо, тоже оформлю. Потом я хочу внести 500 долларов и отправить 300 долларов на другой счет.
— Подождите минуточку.

学习要点
- 大声朗读对话，正确理解对话含义。
- 学习"开户"、"存钱"、"汇款"的说法。

练习3

你会用俄语说下面的短语或句子吗？
开户
办存折
填单子
办理银行卡
存1000美元
汇400元
请稍等。

复 习

1. 下面的短语或句子是什么意思？
   оформить банковую карточку
   заполнить формуляр
   Мне ещё надо снять деньги с этой сберкнижки.
   получить деньги в банкомате
   Какой сегодня курс?

2. 你能用几种方法表达你想开设一个账户？请用俄语说出来。

3. 在银行里怎么了解汇率？请列举两种方法。

4. 你怎样告诉银行营业员：
    a. 你想取1 000元人民币
    b. 你要办理一张信用卡
    c. 你要汇款500美元到另一个帐户
    d. 你想兑换350 美元的卢布

5. 根据后面的回答提问。
    _____? Один доллар тридцать рублей.
    _____? Да, я уже заполнил формуляр.
    _____? Я хочу открыть счёт.
    _____? Банкомат стоит у входа в банк.
    _____? Да, можно обменять.

6. 你在银行办理过什么业务？请列举至少三种。

参考译文

对话1
— 您好，您这儿可以兑换外汇吗？
— 可以。
— 我想换100美元的卢布。
— 好的。请给我看看您的护照。
— 今天汇率是多少？
— 请看屏幕上的汇率表。今天一美元30卢布。
— 好的，这是我的护照。
— 请收好钱。
— 谢谢。

对话2
— 您好，我可以在这儿用信用卡取钱吗？
— 当然可以。您是什么卡？

— 维萨卡。
— 用这个卡,您可以在自动取款机上取。就在银行门口。
— 谢谢。我还需要从这张存折上取钱。
— 好的。多少?
— 200美元。
— 请填一下这张表。

对话3

— 您需要做什么?
— 我想立个存折。
— 您想开账户?
— 是的。这是我填好的单子。
— 我看看。都正确。您不想办一张银行卡吗?这比较方便。
— 好的,那我办一个吧。然后我想存500美元,并汇款300美元到另一个账户。
— 请稍等。

第十八单元 Покупка 购物

单元要点：

- 了解商店的营业时间
- 如何买礼物和纪念品
- 如何还价
- 如何买衣服
- 如何询问尺寸、样式和颜色
- 如何试某样东西

 Время работы 营业时间

открываться	开，开门，开始营业
ГУМ	国营百货商店（государственный универсальный магазин 的缩写形式）
закрываться	关，关闭
перерыв	中断，间歇，休息
магазин	商店
выходной день	休息日
гастроном	美食店，食品商店

понятно   明白地

> **学习要点**
> - 反复听录音，大声朗读上面的单词，注意发音准确。
> - 遮住解释的部分，看看你记得多少。再听录音，边听边想单词的意思。
> - 遮住俄语部分看看是否还记得。

 对话1

— Дима, ты не знаешь, когда открывается ГУМ?
— Кажется, в восемь часов утра.
— А когда закрывается?
— В восемь часов вечера. Без выходных.
— А перерыв на обед?
— Тоже без.
— Спасибо. А ты знаешь, как работает магазин «Гастроном»?
— Он работает с восьми утра до полседьмого вечера, делает перерыв на обед с двух до трех.
— Понятно.

> **学习要点**
> - 大声朗读对话，正确理解对话含义。
> - 时间表达："从几点到几点"用"с...до..."

> **练习1**
>
> 你会用俄语说下面的短语或句子吗？
> 早上七点
> 没有休息日。
> 午间休息
> 开门
> 关闭

02 **Какая цена, такая вещь.**
一分价钱一分货。

主 要 词 汇

что-нибудь	随便什么
на память	作为纪念
выбор	挑选（名）
чисто	纯，纯正地
национальный	民族的，民族特点的
самовар	水壶，茶炊
матрёшка	套娃
платок	头巾，手帕
шкатулка	首饰盒
подойти	适宜，合适；合身
штука	件，个，枚
дорого	贵，高价
подешевле	便宜一些（дешёвый 的比较级）
цена	价格
дешёвый	便宜的

学习要点

- 反复听录音，大声朗读上面的单词，注意发音准确。
- 遮住解释的部分，看看你记得多少。再听录音，边听边想单词的意思。
- 遮住俄语部分看看是否还记得。

对话2

— Что вам нужно?
— Мне надо купить что-нибудь на память о России. Посоветуйте, пожалуйста.
— На ваш выбор несколько видов сувениров.
— Только я бы хотел что-то красивое и чисто национальное.
— Вот-вот. Вы можете купить самовар, матрёшку, платок, шкатулку... Они и подойдут для подарка.
— Сколько штук в матрешке? Сколько стоит?
— Шесть. 200 рублей.
— Так дорого? Можно подешевле?
— Какая цена, такая вещь. А эти дешёвые.
— Ладно. Тогда я возьму две матрёшки.

学习要点

- 大声朗读对话,正确理解对话含义。
- на память о чём(作为对……的纪念);区别于в память о чём(为纪念……)
- бы表示"要是,若是",与动词过去式或动词原形一起构成假定式,表示虚拟或愿望。

练习2

1) 你到一家商店,你怎样询问他们是否有:
   a. 一本书
   b. 一块蛋糕
   c. 啤酒

2) 说你想要:
   a. 套娃
   b. 一件大衣
   c. 首饰盒

03 Можно примерить?
可以试穿吗?

主要词汇

помочь	帮助
замечательно	很好,好极了
модный	时髦的,流行的
фасон	式样,款式

цвет	颜色
например	例如，举例说
чёрный	黑色的
размер	尺寸
примерить	试穿
примерочная	试衣间
поменьше	小一些的
велико	过于肥大（指衣着等）
подходить	合身，合适
платить	付款，支付
касса	收款处

学习要点

- 反复听录音，大声朗读上面的单词，注意发音准确。
- 遮住解释的部分，看看你记得多少。再听录音，边听边想单词的意思。
- 遮住俄语部分看看是否还记得。

 对话3

— Чем же вам помочь?
— Я хочу купить пальто.
— Замечательно, а как это? Модный фасон!
— Красное не хочу. У вас есть другой цвет? Например, чёрное?
— Есть. Какой у вас размер?
— Сто шестьдесят пятый. Можно примерить?
— Конечно. Там примерочная.
— А поменьше нет? Это пальто мне велико.

— Есть. Примерите это, пожалуйста.
— Это мне подходит. Я возьму. Сколько стоит?
— 750 рублей.
— Платить вам?
— Нет, в кассу. Вот вам чек.

● 学习要点

- 大声朗读对话，正确理解对话含义。
- что кому велико 表示"什么对某人来说过于肥大"。这里великий只用短尾形式：велик, велика, велики.

练习3

你到一个百货商场，看上一件时尚外套，你怎样问他们有没有别的颜色，可不可以试穿，哪有试衣间？

复 习

1. 下面的短语或句子是什么意思？

   Это вам подойдёт.
   красивые и чисто национальные сувениры
   Я хочу купить матрешку на память.
   модный фасон
   Какая цена, такая вещь.
   перерыв на обед

2. 说说下列商店的营业时间。

Время работы 08:30-21:30 (без выходного дня)	Рабочие часы 24 часов (с понедельника до субботы)	Часы открытия 09:00-11:30 13:00-17:00

3. 替换练习

1) Покажите, пожалуйста, ... серого цвета.
   请给我看看灰色的……。
   костюм, свитер, кофту, брюки, рубашку, пальто
   西服　　套头衫　短上衣　裤子　　衬衫　　大衣

2) Дайте, пожалуйста, посмотреть... .
   请拿给我看看……。
   эти платки, этот шарф, эту шапку, эти туфли, эти сапоги
   这些头巾　这条围巾　这顶帽子　这双便鞋　这双靴子

3) А... нет?
   有……的吗？
   подороже, побольше, поменьше, поуже, пошире
   贵点　　大点　　小点　　瘦点　宽点

4. 你怎样询问店主有没有其它颜色的衣服？

5. 看下图，你在第几展厅能找到……？
   a. 童装
   b. 运动装
   c. 化妆品
   d. 玩具
   e. 地毯
   f. 男士皮鞋
   g. 餐具
   h. 女士用品
   i. 床单被罩
   j. 外汇兑换处

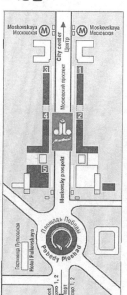

территория 区域，地盘	ткань 布，纺织品
мужчина 男人	портьера 幔，窗帘
одежда 衣服（总称）	столовой 食用的
обувь 鞋子	постельный 床铺的
товар 商品	бельё 内衣、床单、被罩类
активный 积极的	фарфор 陶瓷
женский 女人的	картина 画
мужской 男人的	посуда 餐具
детский 小孩的	ковер 地毯
стиль 风格	люстра 枝形吊灯
игрушка 玩具	косметика 化妆品
женщина 女人	парфюмерия 香料，化妆品

参考译文

对话1

— 季马，你知不知道百货商店什么时候开门？
— 好像是早上8点。
— 那什么时候关门呢？
— 晚上8点，无休息日。
— 中午休息吗？
— 也不休息。
— 谢谢。你知道食品店怎么营业吗？
— 从早上8点到晚上6点半，中午2点到3点午休。
— 明白了。

对话2

— 您需要什么？
— 我想买点东西作纪念。您建议一下吧。
— 有好几样纪念品可供您选择。
— 我只想要很漂亮的、纯正的民族风情的东西。
— 哦。您可以买茶炊、套娃、头巾、首饰盒……这些做礼物也很适合的。
— 这个套娃里面有几个？多少钱？
— 6个。200卢布。
— 这么贵？能便宜点吗？
— 一分价钱一分货啊。这些便宜。
— 算了。那我买两个套娃吧。

对话3

— 需要帮忙吗?
— 我想买件大衣。
— 好的,这件怎样?款式很时尚的!
— 红色的我不喜欢。有其他颜色吗?例如,黑色?
— 有啊。您多大尺寸?
— 165。可以试穿吗?
— 当然可以。那边有试衣间。
— 小一点的有吗?这件大衣我穿大了。
— 有。试试这件。
— 这件正合适。我要了,多少钱?
— 750卢布。
— 付给您吗?
— 不是,在收款台。给您发票。

第十九单元 На экскурсию 参观、游览

单元要点：

- 询问旅行路线
- 参观景点
- 谈论景点开放时间与票价
- 在海滨浴场
- 谈旅行感受

 🔊 **маршрут поездки** 旅行路线

主要词汇

интурист	国际旅行社
проконсультироваться	咨询，商讨
путёвка	出差证，许可证，行车报单
маршрут	路线
Санья	三亚（城市）
интересовать	引起兴趣
хотеться	想，要，想要
принимать	接受，承担
групповые туры	团体旅游
индивидуальные туры	个人旅游
поездка	（乘车、马、船等）外出旅行
расход	开支，费用

оплата	支付，费用
проживание	居住，住所
подумать	想一想，思考一下

学习要点

- 反复听录音，大声朗读上面的单词，注意发音准确。
- 遮住解释的部分，看看你记得多少。再听录音，边听边想单词的意思。
- 遮住俄语部分看看是否还记得。

 对话1

— Алло, здравствуйте, это Вэйхай интурист.
— Здравствуйте, я хочу проконсультироваться.
— Пожалуйста.
— Какие у вас есть путёвки в Китай на осень?
— Осенью в Китай два маршрута. Один – в Пекин, другой - в Санья. А что вы хотите, что вас интересует?
— Больше всего мне хочется поехать в Пекин. Вы принимаете только групповые туры?
— Нет, мы принимаем и индивидуальные туры.
— Сколько стоит пятидневная поездка в Пекине?
— 2000 долларов.
— Какие расходы входят в оплату?
— Билет на транспорт, проживание и питание.
— Спасибо большое. Я подумаю.

学习要点

- 大声朗读对话，正确理解对话含义。
- 学习询问旅游行程、旅行费用包括哪些。

练习1

你会用俄语说下面的短语或句子吗？
交通费和食宿费
团体旅行
散客旅行
五天的旅行
你对什么感兴趣？
威海国际旅行社

02 путешествие 旅行

主要词汇

путеводитель	导游手册
Великая стена	长城
участок	段，部分
называться	被称作
тянуться	延伸，绵延
протяжённость	距离，长度
достигать	到达，获得
километр	公里，千米

длинный	长的
яркий	有力的，明亮的
свидетельство	证明
мудрость	智慧
народ	人民
пословица	谚语
назвать	称为，视作
молодец	棒小伙子，好汉
символ	象征

学习要点

- 反复听录音，大声朗读上面的单词，注意发音准确。
- 遮住解释的部分，看看你记得多少。再听录音，边听边想单词的意思。
- 遮住俄语部分看看是否还记得。

 对话2

— Вот вам путеводитель. Сегодня маршрут – Великая стена. Мы приедем в «Бадалин» - самый важный и самый красивый участок Великой стены.
— А почему стена называется «Великой»?
— Она тянется далеко, общая протяжённость стены достигает шести тысяч километров.
— Ого, какая длинная стена! Она яркое свидетельство мудрости китайского народа.
— Да, у нас такая пословица: «Кто не дойдёт до Великой стены, того не назовут молодцом».
— У нас тоже говорят: «Кто не был на Великой стене, тот,

считай, не был в Китае».
— Действительно, Великая стена –символ Китая.

学习要点
- 大声朗读对话，正确理解对话含义。
- 学习介绍长城。

练习2

你会用俄语说下面的短语或句子吗？

长城
不到长城非好汉。
总长度
旅行手册
长城是中国的象征。

03   впечатление от поездки
旅行印象

主要词汇

вернуться	回来
впечатление	印象，感觉
остаться	留下，保存下来
потратить	花费，耗费

даром	白白地，徒然，无益地
побывать	到许多地方去，到过，去过
сначала	起初，最初
запретный город	紫禁城，故宫
парк Ихэюань	颐和园
морской	海的，海洋的
пляж	浴场，海滨浴场
купаться	洗澡，游泳
загорать	晒太阳
мечтать	幻想，向往

学习要点

- 反复听录音，大声朗读上面的单词，注意发音准确。
- 遮住解释的部分，看看你记得多少。再听录音，边听边想单词的意思。
- 遮住俄语部分看看是否还记得。

 对话3

— Петя, говорили, что ты ездил в Китай, да?
— Да, я только вчера вернулся в Россию.
— Какое впечатление осталось?
— У меня осталось хорошее впечатление от этой поездки.
— Деньги потратили не даром.
— Да, мы много ездили, много посмотрели. Недаром говорят, лучше один раз увидеть, чем сто раз услы-шать.
— А в каких местах ты побывал?
— Мы сначала поехали в Пекин, посмотрели Великую китайскую стену, запретный город, парк Ихэюань. Потом

поехали в город Вэйхай. На морском пляже мы купались, загорали, играли в волейбол...
— Так интересно. Я тоже мечтаю.

学习要点
- 大声朗读对话，正确理解对话含义。
- 学习表达旅行印象，参观哪些地方等。

练习3

你会用俄语说下面的短语或句子吗？
海滨浴场
百闻不如一见。
钱没有白花。
我昨天刚回国。
你参观了哪些地方？

复 习

1. 下面的短语或句子是什么意思？
   яркое свидетельство мудрости китайского народа
   Какие расходы входят в оплату?
   индивидуальные туры
   на морском пляже
   Деньги потратили не даром.
   путёвка

2. 你去过这个地方吗？说说你的感受。

3. 你要给旅行社打电话，想参加北京一日游，询问一下旅行路线，费用等相关事宜。你怎么说？

4. 根据后面的回答提问。
　　_____? Да, это китайский интурист.
　　_____? Входит билет на транспорт, проживание и питание.
　　_____? Я побывал во всех главных достопримечательностях Пекина.
　　_____? Пятидневная поездка.
　　_____? 2000 долларов.

5. 用俄语描述一下下面的场景：在海滨浴场，有人在游泳，有人在打沙滩排球，有人在晒太阳。

参考译文

对话1

— 喂，您好！这是威海国际旅行社。
— 您好！我想咨询一下。
— 请说。
— 你们秋天去中国有哪些行程安排？
— 秋天去中国有两条线路。一条是去北京，另一条是去三亚。您想要哪个呢？对什么感兴趣？
— 我更想去北京。你们只接受团体游吗？
— 不是，我们也接受散客游。
— 北京五日游多少钱？
— 2000美元。
— 包括哪些费用？
— 包括交通费、住宿费、膳食费。

— 多谢。我考虑一下。

对话2

— 给您导游手册。今天的路线是长城。我们将去八达岭——长城中最重要最漂亮的一段。
— 为什么长城叫"伟大的"长城呢?
— 它很长,总长度达到六千多公里。
— 哦,这么长啊!它是中国人民智慧的有力证明。
— 是啊。我们有这样一句谚语:不到长城非好汉。
— 我们也讲:谁没去过长城就等于没去过中国。
— 确实,长城是中国的象征。

对话3

— 别嘉,听说你去了一趟中国,是吗?
— 是啊,我昨天才回到俄罗斯的。
— 有什么印象?
— 这次旅行印象不错。
— 那钱没有白花。
— 是的,我们走了很多地方,看了很多。难怪说,百闻不如一见呢!
— 你都到了哪些地方?
— 我们先去了北京,看了长城、故宫、颐和园。然后去了威海,在国际海水浴场,我们洗海澡,晒太阳,打排球……
— 这么有意思啊,我也很想去啊。

第二十单元 На заправке 加油站

单元要点：
- 要求加油
- 要求检修车辆
- 识别各种指示牌的意思
- 怎样招呼顾客

Где здесь ближайшая заправка?
最近的加油站在哪儿？

主要词汇

ближайший	最近的（близкий 的最高级形式）
заправка	加油站
заправиться	加油
светофор	红绿灯，交通信号灯
осторожный	谨慎的，细心的
дорожный	道路的
кончаться	结束，用尽
бензин	汽油
подъезжать	开进
колонка	加油栓，加油柱

学习要点
- 反复听录音，大声朗读上面的单词，注意发音准确。
- 遮住解释的部分，看看你记得多少。再听录音，边听边想单词的意思。
- 遮住俄语部分看看是否还记得。

 对话1

— Извините, где здесь ближайшая заправка? Мне надо заправиться.
— Езжайте до светофора. У светофора поверните направо. Там увидите. Будьте осторожны. Если я не ошибаюсь, там идут дорожные работы.
— Спасибо.
— Не за что.

— У меня кончается бензин. Заправьте тридцать литров 93-ого, пожалуйста.
— Подъезжайте к третьей колонке.
— Хорошо. Сколько стоит?
— 100 рублей.

学习要点
- 大声朗读对话，正确理解对话含义。
- 学习询问加油站在哪儿、要求加油。

> **练习1**
>
> 你会用俄语说下面的短语或句子吗?
> 红绿灯
> 那里正在修路。
> 小心点。
> 我的汽油快用完了。
> 请开到三号加油栓。

02 проверить шины 检查轮胎

主要词汇

помыть	洗,冲刷(помойте是命令式形式)
стекло	玻璃,玻璃窗
шина	轮胎,车胎
мягкий	软的
страшный	危险的,可怕的
подкачать	打气,充气
отлично	很好,太好了

学习要点

- 反复听录音,大声朗读上面的单词,注意发音准确。
- 遮住解释的部分,看看你记得多少。再听录音,边听边想单词的意思。
- 遮住俄语部分看看是否还记得。

 对话2

— Могу я вам помочь?
— Да, помойте стёкла и проверьте шины, пожалуйста.
— Шины в порядке.
— А почему тогда они такие мягкие?
— Они только чуть-чуть мягкие, ничего страшного.
— А что делать?
— Я их немного подкачаю.
— Отлично, спасибо.

学习要点

● 大声朗读对话，正确理解对话含义。

练习2

你如何请别人为你：
a. 加20升汽油
b. 检查轮胎气压
c. 擦洗挡风玻璃

С моей машиной что-то не так.

我的车子出了点问题。

主要词汇

помощь	帮助，帮忙
взглянуть	看，注意
протечка	漏，泄漏
руль	方向盘
перегреться	过热，加热过度
оставить	留下，保留
забрать	取走，拿

学习要点
- 反复听录音，大声朗读上面的单词，注意发音准确。
- 遮住解释的部分，看看你记得多少。再听录音，边听边想单词的意思。
- 遮住俄语部分看看是否还记得。

 对话3

— Нужна помощь?
— Да, с моей машиной что-то не так.
— Дайте взглянуть.
— Что там?
— Тут какая-то протечка.

— А что тогда делать?
— Лучше пока за руль не садитесь. Ваша машина перегрелась.
— Ладно, оставлю машину здесь. Я приеду завтра и заберу её.
— Хорошо, приезжайте завтра за машиной.
— Спасибо.

> **学习要点**
> - 大声朗读对话，正确理解对话含义。
> - за руль：за что 表示"到……后面，到……外面"。
> - за машиной：за чем 表示"去取……，去拿……"。

练习3

你会用俄语说下面的短语或句子吗？
请明天来取车。
您的车子过热。
我的车子出了问题。
我把车子留在这里。

复 习

1. 下面的短语或句子是什么意思？
   за руль не садитесь
   Дайте взглянуть.
   подкачать шины
   помыть стёкла
   дорожные работы
   Будьте осторожны.

2. 下面的指示牌用俄语怎么说？
   a. 停车场

b. 单行道
   c. 高速路出口
   d. 加油站
   e. 带饭店的高速路服务站
   f. 通往高速路

3. 假如你在加油站想加97号油，你会怎么说？

4. 在俄罗斯汽车修理站，你怎样说你的车子出了问题，请求工作人员检查修理，并告之你明天过来取车？

参考译文

对话1

— 打扰一下，这里最近的加油站在哪儿？我需要加油。
— 开车到前面红绿灯，然后右拐，您就看见了。小心一点，我没记错的话，那里正在修路。
— 谢谢。
— 不客气。

— 我汽油没了，请给我加30升93号油。
— 请开到3号加油栓。
— 好的，多少钱？
— 100卢布。

对话2

— 需要帮忙吗？
— 请擦一下窗户，检查一下轮胎。
— 轮胎没有问题。
— 那为什么这么软？
— 只是有点软，没太大关系。
— 那怎么办？
— 我给轮胎打点气。
— 太好了，谢谢。

对话3

— 需要帮忙吗？

— 是的，我的车出了毛病。
— 让我看看。
— 看出什么问题了吗？
— 有些液体泄漏。
— 那么，我该怎么办呢？
— 我建议你现在别开了，你的车过热了。
— 好的，我把车放在这里，请帮我修一下。
— 没问题，明天过来拿车。
— 谢谢。

语法概述

俄语的语法比较复杂，词形变化多，名词、代词、形容词有性（阳性，阴性，中性）、数（单数，复数）、格（六个格）的变化；动词有动词变位、体、时、态等语法范畴。在一个句子中，形容词、代词要与它们所修饰的名词在性、数、格上保持一致，谓语动词的变位要与主语保持一致。

一、名词

1. 名词的性

（1）词末以硬辅音结尾的名词一般为阳性，如стол（桌子），магазин（商店），брат（兄弟）等。某些以元音字母-а/-я结尾的表示男性的名词也为阳性，如юноша（青年），дядя（叔叔/伯/舅），Ваня（万尼亚）等。

（2）词末以元音-а/-я结尾的名词一般为阴性，如работа（工作），деревня（村庄）等。

（3）词末以元音-о/-е结尾的名词一般为中性，如метро（地铁），солнце（太阳）等。

（4）词末以软辅音-ь结尾的名词，有的属于阳性，有的属于阴性，如словарь（词典）阳性，любовь（爱情）阴性。

2. 名词的数

俄语名词可分为可数名词和不可数名词。可数名词有单、复数的变化。一般单数表示一个事物，复数表示两个和两个以上的事物。以下是名词复数的构成，特殊情况暂不讲解。

（1）阳性名词复数一格形式的构成

单数	复数	备注
билет учебник	билеты учебники	辅音加-ы(-и)
словарь музей	словари музеи	-ь改成-и; -й改成-и

（2）阴性名词复数一格形式的构成

单数	复数	备注
буква утка	буквы утки	-а改成-ы(-и)
кухня	кухни	-я改成-и
аудитория	аудитории	-ия改成-ии
площадь	площади	-ь改成-и

（3）中性名词的复数一格形式

单数	复数	备注
окно́	о́кна	-о改成-а
по́ле	поля́	-е改成-я
зада́ние	зада́ния	-ие改成-ия

3. 名词的格

  名词单数有六个格，每个格的构成、用法以及意义各不同。同样，名词的复数也有六个格。课文中涉及到的都进行了语言注释，这里不作详细介绍。

二、形容词

1. 形容词的性

（1）硬变化的形容词阳性词尾一般为-ый, -ой，及硬辅音г, к, х后的-ий对应的中性、阴性词尾分别为：-ое, -ая。
（2）软变化的形容词阳性词尾一般为-ий. 对应的中性、阴性词尾分别为：-ее, -яя。

2. 形容词的复数

硬变化形容词复数词尾变为-ые; г, к, х后加-ие;
软变化形容词复数词尾全变为-ие。

三、代词

1. 人称代词

я（我）；ты（你）；он（他）；она（她）；оно（它）；мы（我们）；вы（你们；您）；они（他们；她们；它们）

2. 物主代词

	我的	你的	我们的	你们的
阳性	мой	твой	наш	ваш
阴性	мая	твоя	наша	ваша
中性	моё	твоё	наше	ваше
复数	мои	твои	наши	ваши

※его(他的，它的)，её(她的)，их(他们的，她们的，它们的)永远不变。

3. 指示代词

这，这个：этот（阳性）；эта（阴性）；это（中性）；эти（复数，这些）
那，那个：тот（阳性）；та（阴性）；то（中性）；те（复数，那些）

四、动词

1. 动词第一变位法

俄语动词的原形叫动词不定式。动词随人称和数的不同，其词尾发生变化，这种变化叫做动词变位。动词变位是为了使动词的形式在句中与主语保持人称、数的一致。

第一变位法示例如下（以знать为例）：

人称	单数	复数
1	Я знаю	Мы знаем
2	Ты знаешь	Вы знаете
3	Он (она, оно) знает	Они знают

※属于第一变位法的动词，主要是以-ать、-ять、-еть结尾的动词。特殊变化的动词例外。

2. 动词第二变位法

第二变位法实例如下（以говорить为例）：

人称	单数	复数
1	Я говорю	Мы говорим
2	Ты говоришь	Вы говорите
3	Он (она, оно) говорит	Они говорят

※属于第二变位法的，主要是以-ить结尾的动词以及少数以-еть、-ать、-ять结尾的动词。特殊变化的动词例外。

练习参考答案

第一单元

练习1

1. привет
2. доброе утро
3. спасибо
4. до свидания
5. нормально
6. сейчас
7. хорошо
8. тоже
9. куда
10. как дела

练习2

1. Рада вас видеть!
2. Как вы живёте?
3. Как работа?
4. Передайте привет.

练习3

1. Очень приятно.
2. Меня зовут Саша.
3. Давайте познакомимся.
4. мы знакомы.

复习：

1. a. доброе утро
   b. добрый день
   c. добрый день
   d. добрый вечер
2. Меня зовут...
3. c
4. передайте
   передайте
5. 让我们认识一下。
   您叫什么名字？

一切正常
转达
怎么样
6. В Б Г А

第二单元

练习2

пиво кока-кола минеральная вода чай кофе сок

练习3

Торт мороженое гамбургер компот пирог

复习

1. Пожалуйста, вино/лимонад/кофе/торт.
2. 黑咖啡
   请等一会儿
   没问题
   菜单
   矿泉水
   你还要点什么？
   请给我们拿点餐巾纸。
3. Официант, пожалуйста, принесите нам салфетку.
4. торт мороженое компот пирог гамбургер
5. d a c b

第三单元

练习1

Паша, ты не слышал прогноз погоды? Какая сегодня будет погода?

练习2

дождь/снег/ветер/солнце

练习3

Осенью прохладно, солнечно. Синее небо, свежий воздух...

复习

1. прогноз погоды
   время года

Идёт дождь.
климат
хорошая погода
2. весна, лето, осень, зима.
весной, летом, осенью, зимой
3. 大风、蓝天、我适应这种气候、确实、带伞、为什么
5. холодно/тепло/прохладно/жарко/солнечно

第四单元

练习1

Восемь, одиннадцать, тридцать пять, сорок, девяносто семь, шестьдесят шесть, семьдесят восемь, сто, сто двенадцать, сто двенадцать три, ноль, пятьдесят четыре

练习2

Восемьсот семьдесят пять, пятьсот тридцать шесть, тысяча двести сорок восемь, шестьсот двадцать четыре, семьсот шестьдесят три, четыреста пятьдесят семь, тысяча пятьсот двадцать один, триста тридцать два

练习3

Сколько стоит эта рубашка?
Можно ли оплатить долларами?
Принесите счёт, пожалуйста.
Сколько с меня?
Можно дать мне чек?

复习

1. ноль, два, пять, семь, десять, одиннадцать, тридцать, восемьдесят, девяносто, четыреста, тысяча, миллиард
2. Три стакана кофе
Пять бутылок вина
Четыре бутылки пива
Два стакана чая
Шесть мороженых
3. ноль одни ноль пятьдесят восемь восемьдесят тридцать два семьдесят четыре;
Один три пять шесть шесть семь одни семь пять три шесть;
Четыреста девяносто пять двадцать три пятьдесят шесть сорок восемь;
Триста девяносто два восемьдесят двадцать пять восемьдесят девять тридцать

семь;
Восемь шесть ноль один ноль шестьдесят пять сорок восемь тридцать четыре девяносто
4. Двадцать рублей
Сорок пять рублей
Шестнадцать рублей
Восемнадцать рублей
Пятьдесят девять рублей

第五单元

练习1

1) Который час сейчас?
Мне пора уходить.
Не за что.
Хочешь вместе с нами?

练习2

Что вы делаете в среду?
Когда вы встаёте?
С удовольствием.
Во сколько мы встретимся?
Договорились.

复习

1. воскресенье, понедельник, вторник, среда, четверг, суббота
3. час, половина второго, шесть часов двадцать минут, четырнадцать часов, без четверти восемнадцать, двадцать два часа тридцать пять минут
4. 今天星期几？
   几点了？
   会议
   很乐意
   午饭后你做什么？
   有意思
5. восемь с половиной/восемь тридцать
Без четверти семь
Десять пятнадцать
Восемнадцать тридцать
Пять двадцать семь
Двенадцать девять

第六单元

练习1

январь, февраль, март, апрель, май, июнь, июль, август, сентябрь, октябрь, ноябрь, декабрь

练习2

Какое сегодня число?
Сегодня национальный праздник
Когда мы поедем в Пекин?
Прекрасно.

复习

1. a. пятнадцатое ноября две тысячи первого года
b. первое августа тысяча девятьсот девяносто восьмого года
c. двадцать девятое октября
d. седьмое сентября
e. двенадцатое мая
3. a. В одиннадцать с половиной часов второго Мая
b. в четырнадцать четверть часов двадцать пятого Декабря
c. в Пятницу вечером восемь часов
d. в субботу восемнадцать часов
e. после обеда среды
f. утром послезавтра
4. 这个月20号
　国庆节
　来自上海市
　生日
　寒假
　暑假
5. Какое сегодня число
Какой сегодня день
Когда
Откуда ты приехал
Когда ты родился

第七单元

练习1

A. Мой отец B. Моя сестра C. Мои родители D. Моя подруга E. Мой друг F. Моя мать G. Моя жена H. Мой муж I. Мой сын J. Моя дочь K. Моя бабушка L. Мой дедушка

练习2

Семейный альбом, общая фотография, в середине, моложе на два года;
Моя сестра уже замужем.
Мой младший брат студент.

复习

2. Он работает инженером./Он инженер.
Он преподаватель.
Он доктор/врач.
3. 您做什么工作？
   你们家里几个人？
   比她小五岁
   看起来很漂亮
   我的爸爸是工程师。
   在中间
4. Сколько человек у вас в семье?
Сколько тебе лет?
Кем ты работаешь?/Ты работаешь?
Она замужем?
Кто твой брат?/Кем твой брат работает?

第八单元

练习1

свободное время, много хобби, читать книгу, слушать музыку, смотреть фильм, путешествовать, отдыхать за городом, ехать на автобусе, ехать/ездить на велосипеде

练习2

играть в баскетбол
играть в футбол
смотреть фильм
бегать/заниматься бегом

练习3

Вчера вечером

посмотрел футбол
команда России выиграла.
Матч был очень интересный.

复习

1. Максим, ты любишь смотреть фильм/ смотреть телевизор/плавать/ездить на велосипеде/кататься на коньках/играть в баскетбол
2. играть в волейбол; играть в футбол; смотреть фильм; заниматься бегом
3. 郊游
   听音乐
   做运动
   体育项目
   比赛有意思吗？
   队
   溜冰
5. Что ты делаешь в свободное время?
Что ты делаешь утром?
Кто выиграл?
Ты любишь футбол?
Как ты едешь на работу?

第九单元

练习1

Лебединое озеро
извините
очень жаль/как жаль
билеты уже проданы
следующая недель

练习2

Извините, это моё место.

练习3

слушать вокальный концерт
Спектакль пользуется успехом.
Я просто в шоке!
необычный голос
симпатичная улыбка

复习

1. 真正的明星
   池座的票
   非常遗憾
   今天的票
   他弄错了。
   演出很成功。
2. партер/ложа/балкон
3. два билета на «Лебединое озеро»
   Билеты на концерт
   Три билета на восемь часов вечера
   Пять билетов на двадцатое
   билеты в партер
   билет в Пекин
4. это гардероб/бинокль/пальто
5. Какой билет вы хотите?
   Сколько стоит?
   Простите, какое это место?
   Вам билеты в партер или в ложу?
   Где можно взять бинокль?

第十单元

练习1

купить конверт и марки
конверт с маркой
открытка
Мне нужно отправить письмо.
авиаконверт
простое письмо
заказное письмо
авиапочта

练习2

отправить посылку
посылать документы
послать экспресс
за границу
Сколько дней идёт посылка?
Заполните бланк.

не успеет
написать индекс

练习3

Здравствуйте! Мне нужно послать денежный перевод.

复习

1. 寄信
   汇款
   往国外寄包裹
   填表
   您忘了写邮编。
   五张15卢布的邮票
2. марка, конверт, открытка, экспресс, конверт с маркой, авиаконверт
3. Я хочу купить марку за 5 рублей.
   Я хочу купить две марки за 20 рублей.
   Я хочу купить три марки за 15 рублей.
4. Простите, сколько дней идёт посылка? Как послать быстрее?
5. Где можно купить конверт и марки?
   Сколько идёт заказное письмо?
   Что посылаешь?
   Сколько дней идёт посылка?
   Куда ты посылаешь?

第十一单元

练习1

отдельный кабинет
Будете кушать закуски?
Больше не надо.
по вкусу
свежий овощ
котлета с картофелем
жареная рыба

练习2

Нас трое
Приятного аппетита.
Куда нам можно сесть?

жареный цыплёнок
Какие блюда вы предложите?
у окна
Это блюдо очень острое.

练习3

Официант, счёт, пожалуйста. Сдачи не надо. Это вам на чай.

复习

1. 稍等。
   这道菜很辣。
   祝您好胃口。
   要点什么甜品吗?
   鸡汤
   建议
   第一道菜
3. Что вам ещё?
Простите, этот столик свободен?
Вас трое?
И что-нибудь на десерт?
Что возьмёте на второе?

第十二单元

练习1

Иры нет дома.
Можно позвать к телефону Нину?
Ему что-нибудь передать?
Хорошо. Обязательно передам.
пригласить кого-нибудь в кино

练习2

номер переменился
новый номер
К сожалению, нет.
Всё-таки вам спасибо.

练习3

Простите, пожалуйста, где здесь есть телефон-автомат?

复习

1. 100单位的电话卡
   用卡打电话
   离报亭不远
   您打错了。
   自动电话机
   让他回来时给我打电话。
2. Вы ошиблись номером.
   Вы не правильно набрали номер.
   Вы не тот номер набрали.
   Вы не туда попали.
3. киоск, телефонная карта, телефон-автомат
5. Кто говорит?
   Нина дома?
   Где есть телефон-автомат?
   Можно звонить по карте?
   На сколько единиц карта вам нужна?

第十三单元

练习1

Нина, в субботу вечером ты будешь свободна? Приходи к нам в гости! У меня день рождения.

练习2

Проходите.
С днём рождения!
Это так мило с вашей стороны.
Какие красивые цветы!
Раздевайтесь.
опоздать

练习3

Прошу всех к столу.
«фирменное» блюдо
Так быстро прошло время.
Посидите ещё немножко.
Не беспокойтесь.

复习

1. 我提议为女主人干一杯。
   谢谢邀请。
   劝说
   我们干了吧。
   这是给您的礼物。
   请像在家里一样。
   公交车站
2. В
3. Очень вкусно. Никогда не ел ничего подобного.
4. Спасибо за приглашение и угощение.
5. Нина, с днём рождения!

第十四单元

练习1

Будьте добры, вы не скажете, где здесь почта? Это далеко отсюда? Как долго можно добраться?

练习2

Можно пешком?
Скажите, пожалуйста, как пройти к музею Пушкина?
делать пересадку
10 минут езды
15 минут ходьбы
поверните направо

练习3

Нездешний
час пик
Я очень спешу.
метро линии два
ехать на такси
Скажите, пожалуйста, как добраться до вокзала?

复习

1. 现在交通高峰，到处塞车。
   可以步行去吗？
   步行30分钟

两小时车程
需要几分钟?
向右拐

2. Скажите, пожалуйста, как добраться до гостиницы/кафе/почты/МГУ/театра?
3. a. Идете прямо, направо и есть.
b. Идете прямо, потом поверните налево.
c. Идете прямо, потом на третьем перекрёстке направо.
d. напротив дороги
4. на автобусе/ на машине/ пешком/ на поезде/ на самолёте

第十五单元

练习1

салон первого класса
салон экономического класса
место ближе к окну
купить билет на завтра
Предъявить, пожалуйста, ваш паспорт.

练习2

таможенный досмотр
бланк таможенной декларации
заполнить бланк
подарки и сувениры
иностранная валюта
личные вещи
всё в порядке

练习3

Вы пристегнули ремни?
Сколько времени самолёт будет в полёте?
Наконец-то
Я плохо переношу самолёт.
Вы плохо переносите машину?
Мне нужна жвачка.

复习

1. 个人用品

头等舱
每周三
海关申报单
请拿出您的外汇。

2. Скажите, пожалуйста, по каким дням летают самолёты в Москву/ в Пекин/ в Шанхай?
3. Самолёт вылетит из Харбина в 11:30 и прилетит в Якутск в 15:25. Номер рейса: SU528.
4. a. Когда самолёт вылетит из Санкт-Петербурга?
   b. Это прямой рейс?
   c. Какой номер рейса?
   d. Когда прилетит в Пекин?
5. Сколько рейсов в Москву каждую неделю?
   Сколько времени самолёт будет в полёте?
   Что у вас там в чемодане?
   Вам билет в салон первого класса или экономического класса?
   На какое число вам нужен билет?

第十六单元

练习1

Забронировать номер/ заказать номер
минуточку
Шведский завтрак
Дайте ваш паспорт.
карточка от номера

练习2

Кондиционер не работает.
У меня в комнате нет туфлей.
Я хочу поменять на другой номер.
Скоро принесут.

练习3

Я хочу сейчас оплатить.
Когда можно сдать номер?
Дайте мне квитанцию.
без проблемы
Счастливого пути.

复习

1. Здравствуйте! У вас есть свободные номера? Я хочу заказать номер.
2. Извините, скоро принесут. Какой номер у вас?
3. a. Здравствуйте! Слушаю вас.
   b. На сколько человек вам номер?
   c. Входит в стоимость Шведский завтрак или нет?
   d. У нас чайник не работает.
   e. На сколько дней?
   f. Сколько стоит номер в сутки?
4. 单人间
   自助早餐
   等一下
   稍等
   半天
   一路顺风
5. a. Нет телефона
   b. нет халата
   c. нет подушки
   d. У меня в номере нет телефона.
6. Кондиционер не работает.
   Фен не работает.
   Телевизор не работает.

第十七单元

练习1

a. Я хочу поменять 5000 юаней на доллары.
b. Я хочу поменять 300 долларов на рубли.
c. Я хочу поменять 200 долларов на юани.
d. Я хочу поменять 1500 рублей на доллары.

练习2

сберкнижка
кредитная карточка
банкомат
снять деньги с кредитной карточки
снять деньги со сберкнижки

练习3

открыть счёт
завести сберкнижку
заполнять формуляр
оформить банковую карточку
внести 1000 долларов
отправить 400 долларов
Подождите минуточку.

复习

1. 办理银行卡
   填单子
   我需要从这张存折上取钱。
   在自动提款机上取钱
   今天汇率多少?
2. открыть/оформить/ завести счёт
3. А. Спросить работника в банке
   Б. смотреть на доску курсовую таблицу
4. a. Я хочу снять 1000 юаней.
   b. Я хочу оформлять кредитную карточку
   c. Я хочу внести 500 долларов в другой счёт.
   d. Я хочу обменять 350 долларов на рубли.
5. Какой сегодня курс?
   Заполнили формуляр?
   Что вы хотите делать?
   Где здесь банкомат?
   Здесь можно обменять валюту?

第十八单元

练习1

в семь часов утра
без выходного дня
перерыв на обед
открываться
закрываться

练习2

1) a. У вас есть ли книгу?
   b. У вас есть ли торт?
   c. У вас есть ли пиво?

2) a. Я хочу купить матрёшку.
   b. Я хочу купить пальто.
   c. Я хочу купить шкатулку.

练习3
У вас есть другой цвет? Можно ли примерить? Где примерочная?

复习
1. 您穿着很合适。
   很漂亮很纯正的民族纪念品
   我想买一个套娃作纪念。
   时髦的样式
   一分价钱一分货
   午间休息
4. У вас есть другой цвет?

第十九单元

练习1

Билет на проживание и питание
групповые туры
индивидуальные туры
пятидневная поездка
Что вас интересует?

练习2

Великая китайская стена
Кто не дойдёт до Великой стены, того не назовут молодцом.
общая протяжённость
путеводитель
Великая стена –символ Китая.

练习3

пляж
Лучше один раз увидеть, чем сто раз услышать.
Деньги потратили не даром.
Я только вчера вернулся.
В каких местах ты побывал?

复习

1. 中国人民智慧的有力证明。
   包括哪些费用？
   散客团
   在海滨浴场
   钱没有白花。
   行程报单
3. Здравствуйте, я хочу участвовать в однодневной поездке в Пекине. Каков маршрут? Сколько стоит?
4. Это китайский интурист?
   Какие расходы входят в оплату?
   В каких местах ты побывал?
   Какая поездка?
   Сколько стоит?

第二十单元

练习1

светофор
Там идут дорожные работы.
Будьте осторожны.
У меня кончается бензин.
Подъезжайте к третьей колонке.

练习2

a. Заправьте двадцать литров бензина, пожалуйста.
b. Проверьте шины, пожалуйста.
c. Помойте стёкла, пожалуйста.

练习3

Приезжайте завтра за машиной.
Ваша машина перегрелась.
С моей машиной что-то не так.
Я оставлю машину здесь.

复习

1. 别开车了。
   让我看看。
   给车胎打气

擦玻璃
　　修路
　　小心点。
3. Заправьте 97-ой бензин, пожалуйста.
4. С моей машиной что-то не так. Проверите, пожалуйста. Я приезжаю завтра за машиной.

(Footnotes)
1. 汉语拼音
2. 汉语拼音